イギリスで「平和学博士号」を取った日本人

英国の軍産学複合体に挑む

元ヨーク・セント・ジョン大学
日本プロジェクト・オフィサー
中村 久司
Nakamura Hisashi

高文研

はじめに

私は、岐阜県飛騨古川の寒村で一九五〇年に生を享《う》け、現在、ヨーロッパの中世の面影が残るイギリスのヨーク市に、イギリス人の妻と住んでいます。この地に居を構えて二四年が過ぎました。日本とヨーロッパの間を何度か往来した後にヨーク市に永住するようになったのですが、過去を振り返ると、「平和」「留学」「闘争」の三本の縦糸が私の人生を貫いていると思います。

ヨーロッパ留学・ヨーク市在住と、一見華やかに聞こえがちですが、飛騨の貧農の五男として朝鮮戦争が勃発した年に生まれた私の家庭には経済的余裕はなく、私は大学進学を諦めました。そして、東大安田講堂が炎上した一九六九年に飛騨高山の実業高校電気科を卒業し、名古屋税関に就職しました。

名古屋税関に勤務していた一九七三年に、当時は国家公務員の本人の希望による留学制度がなかったのにもかかわらず、デンマークの「インターナショナル・ピープルズ・カレッジ」（IPC）へ留学を強行しました。この留学がその後の私の人生を大きく方向づけることになりました。四カ月半の短期留学後、留学先のカレッジで知り合ったイギリス人と結婚し、名古屋税関を辞めました。職場を去った後は、仮の宿をさまようような人生になったのですが、その大きな一因は、さらなる勉学・留学の機会を求めたからです。その結果、一九九四年に日本人として初めてイギリスのブラッドフォード大学で「平和学博士号」を取得しました。

今日までの仕事としては、六年間の税関職員に加えて、イギリスで高校の理科の助手、飛騨高山でセールスマン、飛騨古川で英語教室経営者、イギリスの二つの大学で国際プロジェクト担当官として働いてきました。最後の職場はヨーク市内の大学でしたが、一二年間勤務した後の二〇一〇年秋に解雇されました。

この私の解雇は、大学によるリストラという名目で生じました。たしかに「経営上のやむをえない措置」を理由とするこの解雇処分は、手続き上は合法だと言えるでしょうが、真実のところは、いつの時代の、どこにでも平和運動を敵視する勢力がいるものだと私に痛感させたものでした。

私は、この解雇に至る以前の二〇〇三年に、イギリスの武器輸出促進に関わっていた大学のあり方を学内会議で批判し、二〇〇六年には、大学内に同僚と「平和研究センター」を設立しました。そしてそれ以降、海外の圧政を敷く諸外国からやってきた軍人に対し、大学が英語訓練コースを提供している実態などを、職場で批判し続けてきたのです。

二〇一〇年に解雇された後は現在に至るまで、イギリスの「情報公開法」を駆使し、大学の軍事化反対闘争を続けています。

本書は、イギリスという国や異文化・国際関係の問題、また留学に関心を持っておられる人々や、多様な状況下で広い意味の平和問題に触れ、その問題解決のために悩み、考え、たたかっておられる世代を超えた広範な人々に、私のささやかな体験を紹介したいと願って書き出しました。状況と形態は私の場合とはまったく異質でも、平和の問題を真摯に考えその実現のためにたたかっておられる人々には、私の日本とイギリスでの生活・就労・留学体験の中の、苦悩・葛藤・失敗・発見・感動・喜びなどを共有していただけるのではないかと考えたからです。

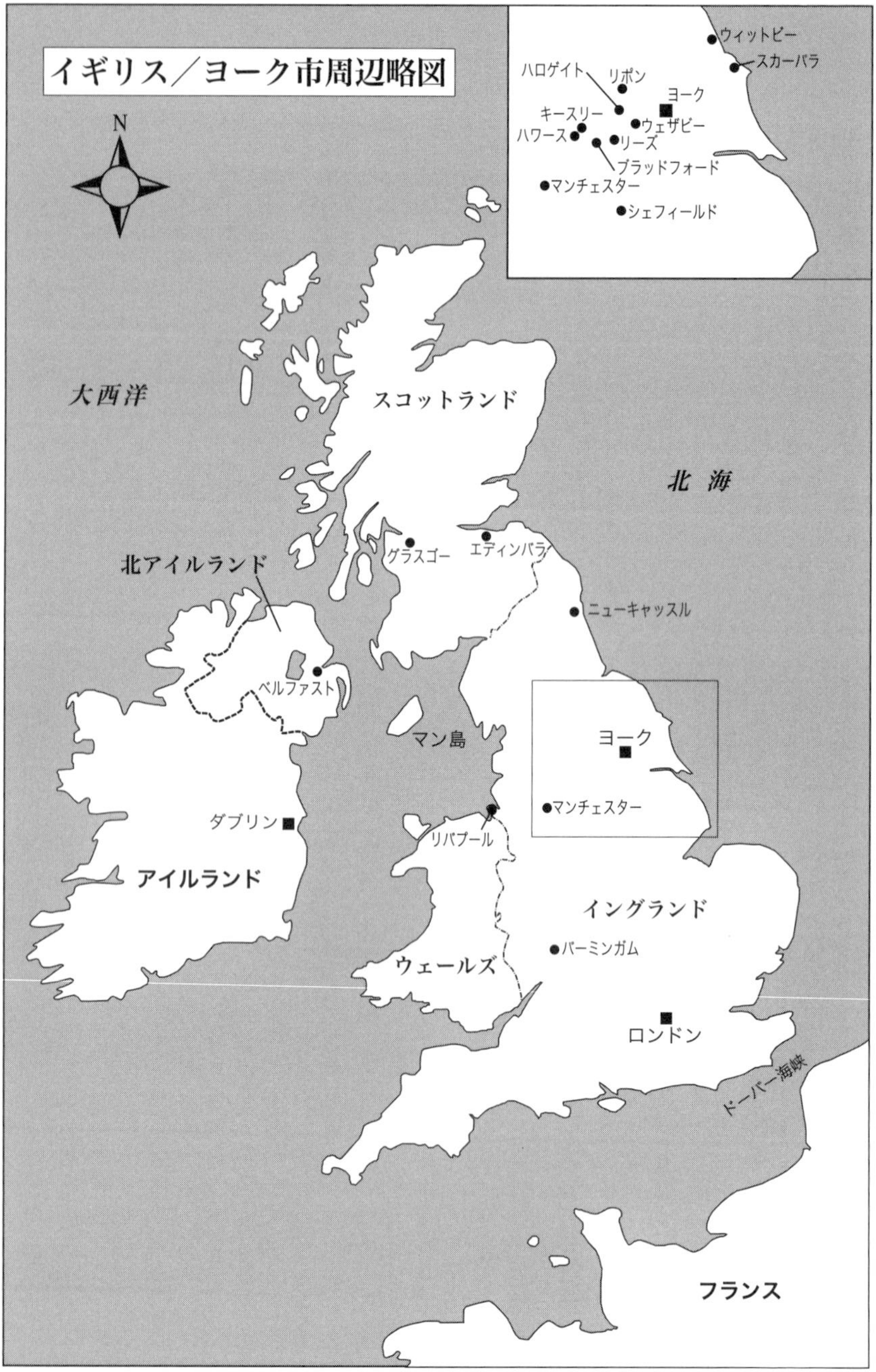
イギリス／ヨーク市周辺略図
N
ウィットビー
スカーバラ
ハロゲイト
リポン
ヨーク
キースリー
ウェザビー
ハワース
リーズ
ブラッドフォード
マンチェスター
シェフィールド
大西洋
スコットランド
北海
グラスゴー
エディンバラ
北アイルランド
ニューキャッスル
ベルファスト
ヨーク
マン島
マンチェスター
ダブリン
リバプール
アイルランド
イングランド
バーミンガム
ウェールズ
ロンドン
ドーバー海峡
フランス

※——目次

装丁＝商業デザインセンター・増田 絵里

I

22歳のデンマーク留学闘争

デンマークの首都コペンハーゲンにある「チボリ公園」。1843年開園

真冬の「バイカル号」出帆

「もう、帰れん！」

一九七三年一月八日、私はソ連の貨客船「バイカル号」の船上で、独り言を口にした。横浜港の大桟橋から、タグボートが五千トンを超える白い「バイカル号」を曳行し始めた時だった。船体が大桟橋をほんのわずか離れた瞬間、「自分は、何が起きても、少なくとも五カ月間は日本に帰ることができない。帰るのは許されない」という熱い実感が、急に胸にこみ上げた。

外航船で旅をした体験はなかったが、職場が名古屋港だったので、タグボートが慎重に船体を埠頭から曳き離す様子は何百回と見てきていた。曳航は、曳かれる船体が反動などで岸壁に衝突しないようにきわめて慎重にゆっくりと行われる。数センチメートル単位の作業のようにいつも思っていた。しかし、今日の出港はスピードがあまりにも違う。速い。「帰ることができない」「引き返すことができない」という想念がどんどん高まり、それに比例して底知れぬ恐怖感に襲われ、足が震えた。埠頭で見送りしている人々の様子が、切れた映画の一コマのようになり、影絵のように色を失った。

真冬の晴れた日だった。甲板上の寒風の記憶はないが、私は、黒いウールのジャケットの下に黒いハイネックのセーターを着込み、オレンジ色のアノラックで身を包んで、あたかも戦場へ出かけるかのごとく身構えていた。二二歳。生まれて初めての海外渡航だった。

私は、デンマークの港町エルシノアにある、「インターナショナル・ピープルズ・カレッジ」(International People's College) を目指していた。職場の名古屋税関監視部を「一時離れての」四カ月半の短期留学である。

旅程は、かなり複雑で長かった。「バイカル号」で横浜を発ち、日本海を横断してナホトカ港に着き、そこから夜行列車「ボストーク号」でハバロフスクの空港へ向かい、そこからシベリアを飛行機で横断した後、モスクワに二泊。その後、飛行機でスウェーデンへ飛び、ストックホルム中央駅から夜行列車で南下して、早朝にスウェーデンとデンマークの間の海峡を渡って、目的地のエルシノアへ着く——というのが旅程だった。

このように、「海路・鉄道・空路・鉄道・海路」を組み合わせた複雑な渡航ルートにした理由は、これが一番「安い」となぜか私は信じ込んでいたからである。一九七三年といえば日本経済の高度成長のさなかだが、海外旅行はまだ珍しい時代だった。実際には、日本から飛行機でデンマークのコペンハーゲンへ飛んでも、これより安くつくルートがあったことを、エルシノアのカレッジに着いた後に知った。

バイカル号乗船の直前に見送りに来てくれた人たちと記念撮影（後列左から四番目が著者。撮影・都築淳一〈全税関名古屋支部〉）

また、自分の渡航ルートをこのようにした背景には、五木寛之の小説「青年は荒野をめざす」があった。主人公が、横浜からシベリア経由で欧州へ旅する姿を、私は何となく心に描いていたと思う。

「引き返すことはできないぞ」「お前はルビコンを渡ったのだ」と私に身をもって知らせるがごとく、「バイカル号」は、グングンと岸壁を離れていった。私の見送りに、職場の「全税関労働組合」員が数人来てくれていた。私の故郷・岐阜県飛騨から兄夫婦も来てくれた。さまざまな人々への想いが心の中で交錯し、誰に対して何を思っているのか、考える余裕はなかった。

そんな中で、二年前に亡くなっていた祖母の面影が浮かんだ。飛騨の寒村に生まれ、子どもの頃から真冬の野麦峠を越えて信州の製糸工場へ通い、糸挽き工女として青春を送った人だった。

私が盆や正月に帰省し、職場の名古屋港へ帰るため地元の無人駅へ向かう時、いつも笑顔で明るく玄関先で見送ってくれた。しかし、私の後ろ姿が見えなくなると「かわいそうに」と、すぐに泣き出すのが祖母だったと、亡くなった後、兄が私に語ってくれた。祖母は私の旅とは比較にならない過酷な冬の旅を繰り返した人だった。

デンマーク留学への旅立ちに、野麦峠を越えた祖母を思い出したのは、先行く旅路への不安からのみではなかった。私のデンマーク留学を心配して反対する飛騨の家族の中で、「帰って来ると言うのならば行かせてやれ」とひとり賛成してくれたのが祖母だった。「糸挽きの休みに字を習いたいと思ったが、紙が高くて買えなかったから」と、私の小学校時代にふと口にした姿も思い出した。

今は亡き祖母と遠く離れ行く埠頭の人々への私の想いを掻き消すかのように、船上のバンドが「コーヒー・ルンバ」を華やかに演奏していた。

透明な陽光が降り注ぐ華やかな出帆光景の中にあって、私は旅立ちの喜びとはほど遠い心境でいた。緊張し恐れおののいていたのである。このデンマーク留学には複雑な事情があったからだった。

私の少年時代

「国家公務員のデンマーク留学」と、言葉だけは華やかに聞こえがちだが、私の生い立ちには華やかなものは一切なかった。高校を卒業して名古屋税関に就職するまでの人生は、質素と表現するより貧しかったといった方が正確だと思う。

出生地は飛騨（岐阜県北部）の寒村で、現在の「飛騨市古川町杉崎」である。飛騨は、奈良時代に「下下の国」と最低のランクをつけられた地方だった。私が生まれた年は、戦後復興の〝起爆剤〟となった朝鮮戦争が始まった一九五〇年だが、小学校時代になっても、この地域の多くがかなり貧しかった。しかし、自分の周りも貧しかったので、自分の家の貧しさを特に苦にはしなかった。

明治生まれの父は、農業のかたわら「鍼灸マッサージ」業を営んでいた。家族は、一九一二（大正元）年生まれの母と私を含めて子どもが五人（兄三人と私と妹。四男は私の誕生前に病死）、それに祖母との合計八人だった。

自分の家が他人より貧しいと気づいたのは、小学校へ入学した直後だった。三一名の同級生のひとりが、ある日私のランドセルの色が、茶色だと騒ぎ出したのだ。言われて周りの友達のランドセルを見ると、男子は黒色、女子は赤色だった。すると、「あいつのは豚やからや。豚や。牛革でないからや」と、村の呉服屋の息子が説明し出した。

豚革ではあったが、私のランドセルは「新品」だった。しかし、日常で私が新品を手にするのは、教科書くらいだった。当時は教科書が無償ではなかった。新品の教科書には、祖母と母親が丁寧に飛騨の和紙（障子紙）を使ってカバーを付けてくれた。傷めないように使って、翌年春にはカバーを外して隣の一年下の男子へ安値で譲り与えた。このため、教科書には下線を引いたりメモ書きをすることは避けた。

教科書を中古で賄う下級生がいたのだから、私の家だけがひときわ貧しかったのではない。しかし、当時の生活を振り返るとよく堪えてきたと思われる。

最初に思い出すのは食事である。夕飯時に「また、くもじか」と愚痴をこぼし、短気な父親に物置に閉じ込められた。「くもじ」とは、菜っ葉の漬物である。暗い物置の米俵にもたれかかって泣いていると、いつも祖母か母が助けに来てくれた。

時たま作るカレーライスに入れる「豚肉の細切れ」を、一五〇グラムにするか二〇〇グラムにするか迷っていた母親の姿を思い出す。母の口癖は、「金がない」だった。その言葉が子守唄のように耳に残っている。

祖母と私は小学校の中学年になっても同じ布団で寝ていた。布団には綿は入っていなかった。

綿は高価で八人家族の布団には使えなかったので、代用品として「スクベ」を入れた。「スクベ」は、稲のワラの下部に残っている下葉（若葉）である。柔らかく保温性があるので、冬の長靴にも入れた。

祖母と私が同じ布団、父親と私の上の兄、母親と妹、それに長男と次男同士がそれぞれペアになって、四枚の布団を一部屋に敷いて寝た。冬場は、全員の足が一カ所に集まるようにして、そこへ炭火を入れた陶器製のつぼを置いて暖房にした。寄り添って寝ることによって寒さを凌いだのだが、真冬でも外と部屋の境は和障子のみだった。

生家は二階建てだったが天井はなかった。囲炉裏の煙を空へ出す必要があるからだ。冬場には、雪が舞い込んできた。風呂は木桶を玄関の外に置いて、むしろを回りにかけた「構造」だった。雪の舞う中で火を焚くのも大変であったが、それ以前に家の前の小川からバケツで水を汲んできて風呂桶を満たすのが大仕事だった。また、風呂桶の板と板の間にできる隙間から湯水が漏れるので、隙間を埋めるために米糠を風呂湯に入れた。湯上がりに全身に付着しているのが、米糠か人体の垢か考えながら薄い木綿の手ぬぐいで拭いた感触を体が記憶している。

トイレは日本全国の農村で多くの家がそうであったように「便所小屋」で、玄関から一〇メートルほどの位置にあった。「便所小屋」には電灯はなかった。夜中に便所へ行くのは本当に恐ろしかった。トイレットペーパーは新聞紙だった。

中学校になると詰襟の学生服が制服になったが、その学生服を我が家では買えなかった。祖母が、小学校の開襟を詰襟に仕立て直してくれた。祖母縫製の詰襟は、「ふにゃふにゃ」していたが、恥ずかしいとは一度も思わなかった。内心、聡明で手先の器用な「ばば様」を誇りに思っていた。

中学校のスキー教室には、スキーを持っていなかったので、そりを作って持って行った。高校では何も持って行かなかった。厳しいことで知られた実業高校だったが、「なぜスキーを持参しない」などと野暮な質問をする先生はいなかった。

このような家庭に育ったので、私は大学へ進学したかったが、小学校時代にすでに大学進学を自分の将来の選択肢から外した。経済的理由で大学進学を諦めたのは私のみではなかった。当時の飛騨地方の普通の家庭にとって、子どもを大学へ出すことは金銭的に決してたやすいことではなかった。事実、私の小学校の同級生三一名中、大学へ進学したのは、町長の息子と元村会議員の長男の二名で、女子では、由緒ある家の長女が二名、短大へ進学したのみだった。

大学進学など考えられなかった私は、就職に有利ということもあって、高山市にあった岐阜県立斐太《ひだ》実業高校電気科へ進んだ。

「四当五落」を耳にする時代だった。大学進学は念頭になかったが勉強には時間を割いた。真夜中の一二時以前に寝ることには罪の意識を感じた。兄三人が中卒で働いて家に金を入れている中で、自分だけは高校の授業料や汽車賃を払ってもらっていた。

高校では技術系の勉強が中心だったが、私は、読書を通してヨーロッパへ憧れ始めた。ドストエフスキーの「罪と罰」、モーパッサンの「女の一生」、サン＝テグジュペリの「夜間飛行」と「南方郵便機」、ソ連がアメリカの「リーダーズ・ダイジェスト」誌に対抗して出版したと言われた「スプートニク」誌などに出合った。そして、「実存主義の父」と呼ばれるデンマークの思想家セーレン・キルケゴール（一八一三～一八五五）を知った。

また、中古のアマチュア無線用の受信機で短波放送を聞いた。特に「モスクワ放送」が好きだった。放送開始時の鐘の音や、バラライカの音楽、ロシア民謡、雄大な労働歌などを聴くと感動した。また広大なシベリアに思いを馳せた。

「もっと勉強したい」と思ったが、大学進学が無理と判断して国家公務員試験を受けた。合格すると七つの省庁から誘いを受けたが、名古屋税関を選んだ。理由は、「海外につながる職場」だったからだ。

市ヶ谷税関研修所

一九六九年四月から名古屋税関に採用されると、職場に配置される前に東京で半年間の研修を受ける制度になっていた。

当時、税関研修所は新宿区市ヶ谷にあった。隣は防衛庁（当時）の敷地で、陸上自衛隊東部方面総監部が置かれていた。研修を終えた翌年の一九七〇年に三島由紀夫が乗り込んで行き、割腹自殺を遂げた場所である。

大学進学をお金がないがゆえに諦めた私にとって、給料をもらいながら東京の大学の先生や中央官庁の高級官僚から授業を受けるのは、当初はちょっと信じ難いくらいうれしい制度だった。飛騨では、毎月の高校授業料納入日が近くなったり、汽車の定期券が切れる頃になると気が重かった。親や兄たちは一度として小言を言ったことはなかったが、言われなくても家庭の事情は熟知していた。

研修所では寝室兼学習室は四人部屋だったが、食堂を含むすべてが揃っていた。朝から晩まで、函館・東京・横浜・名古屋・大阪・神戸・門司・長崎の全国八税関から集まった、同期の入関者と共同生活を行った。

研修コースは、法律や税関業務についての授業が中心だったが、柔道や英会話も含まれていた。私は、小学校の頃から「骨皮筋衛門」と周りに呼ばれ、高校三年生の時の体重が四七キロの身だった。しかし、柔道は楽しんだ。名古屋税関の仲間に柔道が得意で冗談が好きなのがいて、「中村と稽古をすると大変や。練習の後に畳に刺さった中村の小骨を拾わんとあかんわ」と、冷やかしながら親切に相手をしてくれた。

研修期間の半ばになると、研修の真の目的が何なのか疑問に思われてきた。名古屋税関の私たちだけが、異常とも思われる「しごき」のような理不尽な訓練を受けたからだ。

厳しい訓練をする理由として、指導官がよく口にしたのが新規採用職員の業務内容だった。私たちは、研修を終えて各地の税関へ配属されると埠頭の監視所で二四時間体制の取り締まりに従事すると告げられた。また、パトカーや高速監視艇での港湾内の巡回監視も行うと言われた。

知力に加えて監視業務を遂行できる体力と精神力が必要な点は、十分納得できた。しかし、物事には限度があり、目的を達成するには適切な手段が必要だと、指導官の理不尽な訓練内容に対して常に思うようになった。

起床から消灯まで規則に縛られ、私たちの行動を三〇秒や一分の時間差で比較評価された。まず、毎日起床のチャイムと同時に飛び起きて床を上げ、洗面し、グラウンドへ疾走して各税関ごとに整列したが、その間にかかる時間を指導官が計った。そして、八税関の間で競争させられた。その後、「デンマーク体操」を全員で行った。なぜデンマーク体操なのか、理由は知らなかった。体操に続いて、寄宿舎の清掃、身支度、朝食を終えて授業に向かうのが日課だった。しかし、この授業開始以前の時間帯に、名古屋税関研修生だけは、市ヶ谷の町を走り、その後、鉄棒などの運動をさせられた。この「早朝マラソンと鉄棒」は、他の税関にはない追加プログラムだった。

起床直後からダッシュし、朝食前に激しい運動をするため、朝食が胃に入らなかった。吐き気が襲うのである。また、体操・追加プログラム・清掃・身支度・朝食とすべてを行う時間が十分なかった。体のためを考えて無理して食べようと思っても、時間さえ十分なかった。

ある朝、一刻も早くグラウンドへ走って行こうと同室者と打ち合わせ、起床チャイムが鳴る前に静かに起きて体操服に着替えた。チャイムの数秒後にドアを開けて飛び出したら、指導官が廊下に仁王立ちしていて四名全員が捕まった。

私の高校は、男子生徒が圧倒的多数で厳しい指導には慣れていた。高電圧の実験もしたので、いい加減な態度だと身に危険が及ぶことも頭と体で十分知っていた。また、先輩の中には、学科対抗の運動会・応援合戦の練習などで、暴行事件すれすれの「指導」をする者もいた。私個人は殴られたこともたたかれたこともなかったが。

そんな高校の厳しい指導を経験してきていたが、それと比較しても、名古屋税関派遣の指導官の訓練は病的だった。ある夜、睡眠中に誰かが部屋へ忍び込んで来て私の顔を強力なサーチライトで照らした。驚いて飛び起きた。照らしたのは指導官だった。翌日の夜の指導時間に、「中村は睡眠中に緊張している。熟睡していなかったからライトで眼を覚ました。熟睡しないのは十分疲労するまで行動していないからだ」と批判された。

その数日後、同じようにライトで真夜中に顔面を照らされたので、今度は眩しいのを我慢して気がつかず寝入っている振りをした。すると翌日、「ライトで眼を覚まさないのは注意力不足。緊張が足らない」と、また叱責された。

研修の目的は、反論も抵抗もしない労働者の養成ではないかと思った。理不尽な指示を受けてもそれが上からの命令によるものであれば、理不尽と考えない人間にする洗脳教育ではないかとさえ思われた。

ある研修生は、研修の真の目的は、労働組合対策だと言っていた。後述のごとく、一九六三年以降全国各地の税関で組合分裂が生じ、新規採用者（高卒）の東京での一括研修は一九六五年から始まっていた。たしかに目的が組合対策かと思わせる出来事があった。

ある日、私たち研修生が道場にいると、「全税関が来た」「全税関が外に来ている」「玄関の前だ」と、数人の指導官が騒ぎ出した。あたかも何か「獣」か「化け物」か「極道一派」が来たかのような響きだった。「見るな！」「無視せよ！」と命令が飛んできた。「労働組合や」と、研修生のひとりが小さな声で言った。私は、チラッと外を見た。研修所の前に車が来ていて数人が小さなメガホンで何かを訴えていたが、内容は聞き取れなかった。聞こえたのは、道場内の「見るな！」「聞くな！」の指導官の声のみだった。

研修生活は暗く心に重かった。すっきりしない気分の毎日だった。しかし、英語が好きになった。給料をためて英会話教材の「リンガフォン」を研修中に買った。一九六九年の秋に研修を終え名古屋港の職場へ向かった。

名古屋税関監視部

名古屋税関では、「監視部監視課」勤務になった。
所属部局名が示すように、名古屋港で外国貿易に従事する船舶を監視・取り締まり、麻薬・覚せい剤・銃砲などの密輸の防止・摘発を行うことだった。このため通常の仕事場は水際で、名古屋港湾内の中央・稲永・金城埠頭などに設置されている「監所」と呼ばれる監視所だった。「交番」に似ていた。

ここを通過する、船員・旅客・荷役作業員・検数員・船会社職員などに職務質問をしたり、運搬に使われる車両や通行人の持ち物検査などをして、密輸の防止と摘発を行った。

監所勤務には、パトカーで港湾を巡回する仕事も含まれていた。また、監視部の本部詰めになると、高速監視艇で日夜海上をパトロールする日もあった。沖合いに係留されている大型タンカーなどに高速監視艇から乗り移る時はきわめて緊張した。タンカーからタラップが下ろされる時と、縄ばしごの時があった。監視艇の船長と甲板員二名が巧妙に船体を操ってタンカーとの距離を最適に調整してくれるのだが、監視艇とタンカーの距離が常に変わるのみでなく監視艇は波によって上下に揺れる。飛び移るタイミングを誤れば海に落ちる。制服制帽に加えて重量物が落ちた際に足を守る鉄板入りの靴を履いていた。したがって転落すれば、体に重石《おもし》を付けて海に落ちるような形になるだろう。

密輸取り締まりの一環として、日本と外国の間を往来する船舶が入港すると、税関職員が数人のグループになって乗船し、書類審査や船内を検査することがあった。この業務が魅力的だった。外国人船長や事務長を相手に、入港書類をチェックしながら職務質問を行うのである。業務に使用する英語は決まり文句が多く決して高度なレベルではなかったが、各国からの船員と英語で仕事をすると充実感を覚えた。また、乗船するとすぐにコーヒーや「ジョニクロ」が出された。スコッチ・ウイスキーの「ジョニー・ウォーカー黒ラベル」のことである（※世間でも一般にこう呼んでいた）。職務中に許されるのかなと罪悪感をいつも感じたが、いただくことがあった。

船内検査は、巨大な船体のどこかに隠匿されている可能性のある拳銃、覚せい剤、金地金などを探し出すのである。危険を伴う場合が多い。船倉の場所によっては積荷の穀物などが長い航海中に船倉内の酸素を吸って空間が酸欠になっている場合がある。そこへうっかり入ると死亡することがある。船底近くを検査している時に、誰かが上からハンマーなどの道具を落とし、その直撃を受ければ怪我ではすまないだろう。船体の中央あたりにある機関室のエンジンの回転を、船尾のスクリューに伝達する太いシャフトを収める長い通路があるが、ここも危険である。その通路の中で這いながら検査している間に、通路入口を誰かが閉めれば出られなくなる。助けを求めても船内の騒音で誰も聴き取れないだろう。

監視部勤務中の夢は、大きな密輸事件を検挙することだった。監所でのチェックやパトロールが抑止となって密輸が防止されるのも事実だろうが、そのチェックやパトロールを潜り抜けて密輸が行われている可能性も十分ある。密輸の検挙実績が常に頭から離れなかった。監視部職員の間でも口には出さなかったが「検挙競争」意識があった。

密輸を検挙したい願望に駆られていた当時、私が勤務中に抱いた夢はいつも同じだった。それは、「拳銃の密輸事件摘発」だった。黒く不気味な艶のある拳銃がビニール袋に入っているのを発見したシーンをよく頭に浮かべた。その拳銃の重量感まで夢想した。しかし、私が検挙したのは洋酒の脱税、大麻の密輸、高級腕時計の不正輸出などに限られていた。密輸検挙実績で、「名古屋税関長表彰」を受けた年はあったが、拳銃検挙は幻に終わった。

監視部の勤務は危険も伴い精神的にも肉体的にもかなりきつかった。慢性気管支炎にかかり、胃痙攣で年に二回や三回は動けなくなった。三日に一度は二四時間勤務だった。仮眠時間は設定されていたが、埠頭の監所で夜中の一時から朝方までひとりで働く日も多くあった。しかし、仕事に行くたびに見知らぬ国から外国の船が入ってくるのがうれしく、心がときめいた。

そんな気持ちを持っていたのは私だけではなかった。「明日はブリティッシュが入る」と英語好きな先輩が声を弾ませたのを今でも思い出す。米国からの船はかなり多かったが、イギリスからの船は決して多くなかった。リバプール船籍の船に最初に出合った際は、乗船して地元でのビートルズ人気について聞いてみた。「中共船が入る」もちょっとしたニュースだった。一九七二年九月の「日中国交正常化」以前である。乗船し、船舶の「武器庫」に鉛の封印を取り付けた記憶がある。「フランス船がマルセイユから入港」と知ると、南フランスを夢想したり、「ポール・モーリア」編曲の「恋はみずいろ」をひとり口ずさんだ。最も胸をときめかしたのは、「ロシア船が入る」「ソ連船が来る」だった。飛騨で聴いたモスクワ放送や寒い部屋で読んだ「罪と罰」が思い出された。

このように外航船に日常触れる税関の職場で、私の「海外へ出たい」「知らない国を訪れたい」という気持ちが日に日に強くなっていった。

「インターナショナル・ピープルズ・カレッジ」出願

海外へ出たい願望がつのり、仕事中も何か良い方法がないか常に考えるようになった。最初に思いついたのは、外航船の通信士になることだった。高校で電気工学を学んだので、思い切って税関を辞めて専門学校へ入って無線通信士の国家資格を取ろうかと考えた。好きな英語も活用できるとも思った。しかし、一生海を職場とする気にはなれなかった。

名案が浮かばない中で、留学を考え出した。しかし、自分の学歴や経済力を考え合わせると可能性はほど遠く思われた。数年間蓄えて税関を辞め留学する道も考えたが、その先の人生の保障がない点を考えると、そこまで思い切れなかった。

こんな思索の中で気づいた点があった。それまで自分はなぜ海外へ出たいのか深く突き詰めて考えてみたことがなかった。気がつくと、私は日本が嫌いだったのでもなく、転職したいからでもなかった。また、海外には何かすばらしいことがあると思っていたのでもなかった。海外へ出て何か特殊な知識や資格を得ようとも考えなかった。私は単に、「世界の若者は今何を考えて生きているのだろうか」に、強い好奇心を抱いていたのだった。

当時、ベトナム戦争が長期化し泥沼化していた。世界各地で若者が反戦運動を展開していた。私も、名古屋市内の反戦集会に参加することがあった。世界の平和問題を常に意識していた。また、「神の代理人」（ロルフ・ホーホフート原作）、「未必の故意」（安部公房原作）などの演劇鑑賞を通して、歴史や社会を考えるようになっていた。

しかし、反戦運動などに関心を示すのは若者全体の中では圧倒的に少数派だった。私は、自分が周囲の若者と異なるだけでなく、ひょっとすると自分の考えやものの見方が間違っているのだろうかと考えた。そして、世界の若者はどうなのだと思った。彼らが何を考えて生きているのかとても知りたくなった。彼らの関心ごとは平和や社会正義だろうか。社会変革や革命だろうか。それとも恋愛やセックスか。車やファッションや旅行や酒か。あるいは金儲けだろうか。

こんな日々の中で、ある留学関連雑誌で、インターナショナル・ピープルズ・カレッジ（IPC）の存在を知った。「これだ」と一瞬胸が熱くなった。

この雑誌名の記憶はないが、静寂な芝生に覆われた北欧のキャンパスで世界各地からの老若男女が対話している記述を覚えている。コースの履修期間は四カ月半で、滞在が短くも長くもなかった。費用も問題なかった。IPCの運営費用の三分の二をデンマーク政府が援助していたので、生徒の負担は、四カ月半の授業料・宿泊費・食費を含めて三六四五クローネ（当時の為替レートで約一六万八千円）だった。また、IPCはデンマークの港町エルシノアにあった。デンマークが欧州共同体（EC）に一九七三年一月一日に加盟予定だったので、それが税関行政にどんな変化をもたらすか面白い調査もできると考えた。

さっそくIPCへ出願した。自己紹介に加えて、出願理由を述べ、さらにどのような科目をなぜ学びたいのか詳しくタイプし、航空便で一九七二年五月二五日に送った。翌月に入学許可が届いた。その後、いくつかの書類を整えて、写真と三〇〇クローネを保証金として送り入学手続きが完了した。

短期留学を決めて職場の上司に休みをもらいたい旨を伝えたら、学校名の「カレッジ」は日本語で何かと質問された。適切な漢字表現が見当たらないのでカタカナを使ったと言っても、「漢字でないと困る」と言い続けられた。そこで、カレッジは成人教育を行っている学校だと説明したら、「学校」だったら、「スクール」ではないかと問い詰められた。

「カレッジ」を漢字でどのように表現するか、現在でも困っている。私は学生時代に、学校が「スクール」、単科大学が「カレッジ」、総合大学が「ユニバーシティ」だと教わった記憶がある。しかし、実態はもっと複雑である。例えば、世界トップ・レベルの社会科学研究をしている「ロンドン・スクール・オブ・エコノミックス」は、ロンドン大学を構成する機関の一つだが、多くの場合単独の大学として扱われる。また、医学部、工学部、理学部を持ち過去に一四名のノーベル賞受賞者を出している「インペリアル・カレッジ・ロンドン」もある。

イギリスでは、「カレッジ」は、大学から専門学校、高校、中学を含む多様な教育機関の呼称に使われる。また、一つの「カレッジ」が多様なレベルのコースを開講している場合が多い。多くの都市に、中学を出た後に美容師や配管工などの技能訓練を受けるコースからアカデミックな学士号取得コースまでを提供している「カレッジ」がある。

「カレッジ」の説明をし尽くした後、どのような漢字で表現するかは上司に一任した。そして、休みの許可をお願いした。

許可が下りなかった留学

「無給を条件に留学期間中職場を休ませてください」と、お願いしたが職場を休むことは許されなかった。当局が私に休暇を与えることができない理由としては、「そのような留学制度がない」「無給でも本人の希望による留学を認めてその期間を休みにすることはできない」「現行の国家公務員の休職制度をこのデンマーク留学に該当することはできない」などが挙げられた。何回お願いしても「制度がない」だった。

私は、国家公務員の身分・雇用を維持するためにデンマーク留学を諦めるか、職場を辞めて留学するか迷い続けた。しかし、どちらの道を選んでも結果的に「すっきりしない」と思われてならなかった。どちらも私にとっては敗北に思われたからである。このように考えるようになった背景には、いくつかの理由があった。

第一の理由は、自分の家が貧しくて大学に進学できなかったので、「家庭の経済力が理由で大学へ進学できなかった者には、本人が就職後経済力をつけたら、再度勉学の機会が与えられるべきである」と私は考えるようになっていた。また、「社会における富の再配分を可能にする一手段が教育」であるとも考えた。

第二の理由は、私の職場に存在していた労働組合問題との関連だった。

名古屋税関には、労働組合が二つあった。二つは、「旧労と新労」あるいは「第一組合と第二組合」と呼ばれていた。分裂前の旧労は、「全税関労働組合」で、通常、「全税関」と呼ばれていた。この分裂の背景は複雑だが、当時の建設省、国税庁、総理府統計局などの職場で一九六〇年代前半に組合分裂が起き、当局の労務管理が強化され労使間の対立が激化する中で、税関の職場でも一九六三年以降各地で組合が分裂していた。名古屋では、一九六五年二月に「新労」が生まれた。

「全税関」は、職場で当局からさまざまな差別を受けていた。全税関組合役員になると遠隔地へ配転される者が出ていた。全税関つぶしには、「全税関はアカ、組合費の一部は〝代々木〟(日本共産党)に流れている」などの嘘も使われた。後年になると、全税関組合員は「どんなに優秀でも昇任・昇格は最後尾にすること」を謀議する大蔵省(当時)関税局作成の文章が発覚し、国会でも追及された(衆議院予算委員会・一九八六年一一月五日)。当時はこの差別に関する裁判所の判決はなかった。しかしその後、昇給、昇格、昇任の時期、各種職務研修の機会、人事異動などにおける全税関差別は、神戸・大阪・横浜・東京支部が訴えた裁判で二七年間にわたり審議された。その結果、二〇〇一年に東京税関と横浜税関の事案について最高裁で差別の事実を認める判決が下り、全税関が勝訴している。

私は、東京で研修を終えて名古屋税関に配属された際に、同期の者と同様に「新労」に加入した。しかし、その後二年がたちデンマーク留学を考え出した頃は、旧労である「全税関」に思想・信条が接近し、将来は「全税関シンパ」から「全税関組合員」に変わることも考えていた。

そういうことがあって、私は、「休みがもらえないのは、私が全税関だからだ」と考えた。しかしこれを立証することは不可能だった。休みを上司に最初にお願いした頃は、まだ、「シンパ」と呼ばれる立場だったが、横浜から旅立つ以前に「新労」を脱退して「全税関」へ加入した。私が長年全税関シンパであることは、職場では周知の事実だったし、私もあえて否定しなかった。

このような状況下で、デンマークへ留学するために無給休暇を取る闘争は、「全税関差別」とたたかう闘争であり、「思想・信条差別反対闘争」としても位置づけていた。

最後の強行理由は、全税関労働組合の人々の心のこもったデンマーク留学支援を受けているうちに、後戻りや方向転換ができなくなったからだった。

留学のための休みを税関当局にお願いする運動は、私が新労組合員だった時から行ったし、新労の組合員の中でも私の問題を考えてくれる人々は存在した。しかし、休みを獲得するような組合運動に発展する勢いは感じなかった。

ところが、全税関に加入した後、留学闘争は力強くなった。名古屋の全税関に留まらず、神戸・大阪・東京・横浜税関をはじめとする全国の全税関労働組合、そして名古屋港や愛知県全域

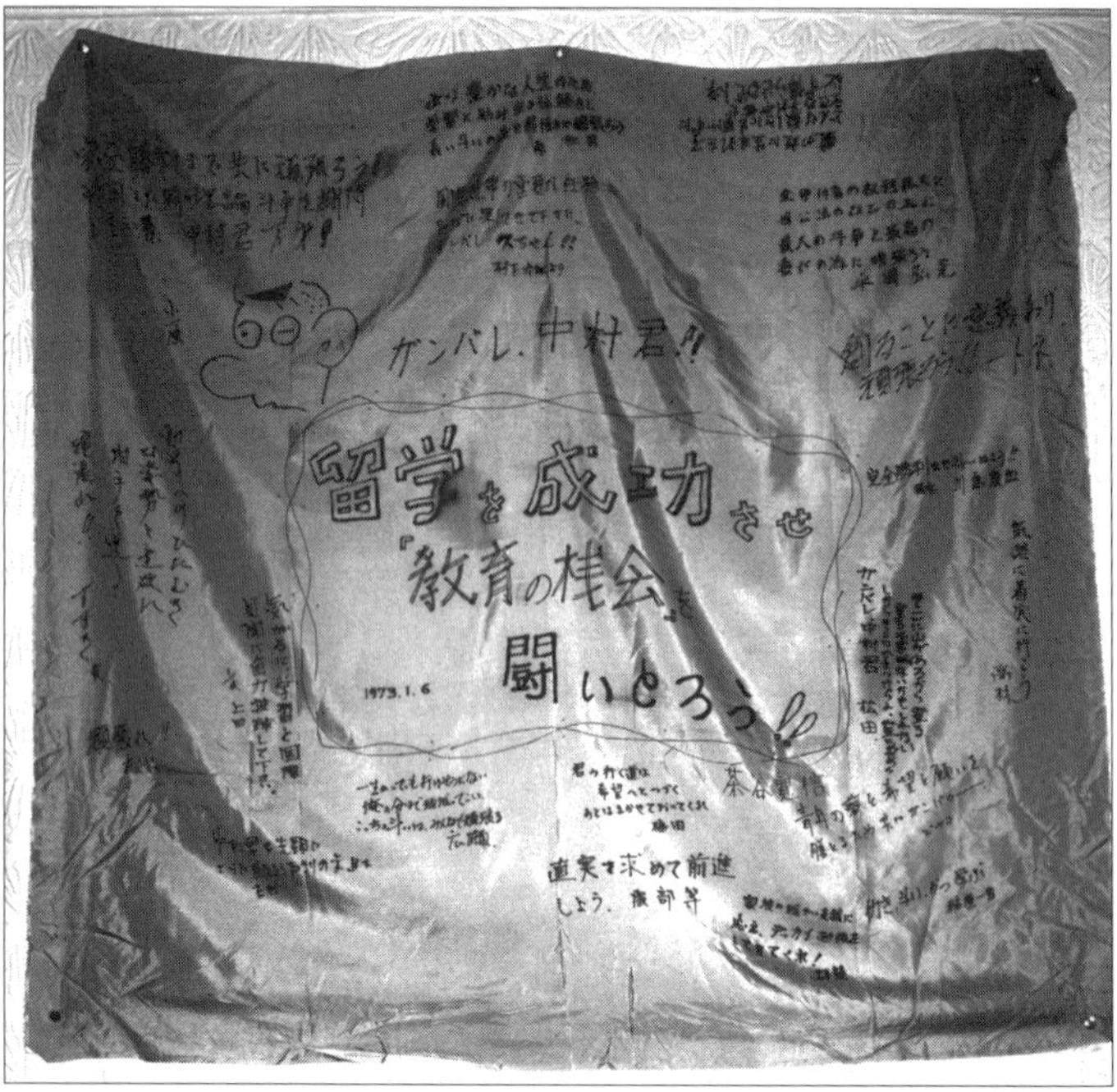

デンマーク留学に旅立つ著者に全税関の仲間たちが書いてくれた寄せ書き

の各種労働組合も支援してくれた。さらには、革新共同・日本共産党・自民党の国会議員や、大学の行政法の先生、当時の大蔵省関税局、人事院などへもアプローチし、全税関が私と行動を共にしてくれた。

「後戻りや方向転換ができなくなった」と言うと、状況に左右された私には、主体性が欠けていて、運動に振り回された響きがある。しかし、我が身の問題のように留学実現のために一生懸命応援してくれている全税関員に、「休みがもらえないのならば留学を止めます」とか、「職場を去って留学します」とは、とても言えなかった。一緒にたたかい、「労働者が無給を条件に一時期職場を離れ、留学やその他の自己研修ができる」制度を確立すべきだと確信するようになった。

このように、デンマーク留学闘争は、私にとって、「貧困が教育の機会を限定する社会的不正義の是正」「組合差別反対」「労働者の自己研修のための新制度確立」闘争の色彩を帯びるようになった。

私は、留学許可が下りない状況下で、年次有給休暇を使ってともかく「バイカル号」で渡航を「開始」し、デンマークのＩＰＣに到着した後も、継続して航空便で休みをお願いすることにした。それでも特別な休暇が与えられなかったら、ＩＰＣ到着後すぐに私の年休期間が切れてしまう。そのような結果になっても留学を途中で止めて職場に帰る考えはなかった。ＩＰＣ留学中に解雇される覚悟での旅立ちだった。

II
我が青春のエルシノア

４カ月半、寝食を共にしたインターナショナル・ピープルズ・カレッジ（ＩＰＣ）の留学生たち。前から３列目右端、腕組みをしている男性の肩越しに著者の顔が写っている。最前列左からの３人目が妻となるエルドリン・リスター

シベリアを越えて

「バイカル号」は横浜の桟橋を離れた。緊張感でデッキから横浜港の眺めを楽しむ精神的余裕はなかった。東京の全税関の上山さんと牛尾さんが、偶然ナホトカまで同じ船だった。冬の間は、「バイカル号」が月に一便か二便だったので一緒になったのだ。

バイカル号は北上を続けた。三陸沖から津軽海峡を通って日本海へ入り、シベリアのナホトカ港へ着くのが最初の大きな一歩だった。

船上で二泊し横浜を発って五〇数時間が過ぎると、ナホトカだった。港が近づくと最初の第一歩が無事終わる安堵と、いよいよシベリアの大地に足を付ける感慨で胸が苦しくなった。薄暗い夕暮れ。「バイカル号」が接岸すると下船の指示が出た。私は、凍てついた埠頭に一瞬立ち止まり、思いっきり足を踏みつけた。左足を軸足にして右足で凍土に覆われた岸壁を何回も踏みつけた。「これがシベリアだ！」「とうとう海を越えた」と、心の中でつぶやいた。

ナホトカ港から夜行列車でハバロフスクへ向かった。列車内の夕食はパンと薄い肉の細切れが入ったスープだった。白樺林が延々と続く、雪に覆われたシベリアの大地を列車で走り行く自分の姿を思うと夢心地だった。緑色のミネラルウォーターのビンの模様が「ロシア」を感じさせた。

二段ベッドで寝たが、掛け布団の襟元は垢で冷たくガバガバしていた。列車が揺れても落ちないよう体をベッドに縛り付けた。翌朝、朝日に映える広大な白樺林をどうしてもカメラに収めたかった。盗撮でないことを示すために、意識的にカメラを出したりしまったりしてロシア人車掌に見せた後、撮影しても良いか尋ねると、「問題ない。なぜそんな質問を?」と、友好的だった。

ハバロフスクからモスクワへは飛行機で九時間だった。とてつもなく大きな薄暗いホテルで二泊した。モスクワまでは「パック旅行」だったので、チェーホフの墓のある墓地やモスクワ大学見学が含まれていた。「ボリショイ・サーカス」や「国立百貨店」へも案内されて行った。印象に残っているのは、ホテルの夕食の食べ物ではなくその時の生演奏だった。日本人がいることがわかったのか、「さくらさくら」をエレキギターで演奏してくれた。

モスクワから空路でスウェーデンのストックホルムに着いた。鉄道の「ストックホルム中央駅」までたどり着いたが、駅を離れて街中を見学する勇気はなく怯えていた。風景がまったく異質だった。人間の顔がこれほど白く、青い目がこれほど青いとは名古屋港で意識したことはなかった。

異様な雰囲気の中で駅のベンチに午前一一時からずっと座っていた。夕方になると酒臭い赤ら顔のポン引きが近づいて来たり、酔っ払った老女が私の目の前でぶっ倒れ、警官に連れられて行った。一刻も早く駅を出たかったが、デンマーク行きの列車の出発は夜一〇時過ぎでたっぷりと時間があった。

夕方七時くらいになって緊張に耐えかねて一杯飲むことにした。レストランへ入る自信はなかったが駅構内のバーへは入れた。

ビールを買い、座るところを探していると五、六人の男のグループがそこへ加わるよう誘ってくれた。フィンランドの船員だった。私は日本人で、デンマークへ行く途中であることを話すと、親近感を込めて日本の電器製品や車を褒め出した。日露戦争の「快挙」に触れる者もいた。船員がビールを私におごってくれた。

列車の時間が近づいたのでお礼を言って去ろうとすると、船員のひとりが私に何かをプレゼントすると言い出した。そして駅構内の薄暗いロッカー設置場へ私を誘った。断る理由も見出せないまま半分震えながらついて行った。ロッカーを開け始めた。そろそろ拳銃でも突きつけられてと、身構えていると「マールボロ」のカートンを私に一つ渡し、「デンマークもタバコの値段が高いから」とにっこり微笑んだ。

寝台車に乗ってストックホルム中央駅から南西へ下った。六時間近く夜行列車に乗っていると、スウェーデンの南端の港町ヘルシングボルグに着いた。そこで列車の一部が切り離され車両ごと連絡船に乗せられて海峡を渡り、対岸のデンマークの目的地エルシノアへ着くのが旅程だったので、エルシノアに着いたら起こしてくれと車掌に頼んで一眠りしようとした。ところが眠る暇もなく乗船後三〇分くらいで列車がガタガタし出した。急いで確認するともうエルシノアだった。私の英語は、車掌に通じていなかったのだ。

あわてて列車を飛び降りた。朝の五時半、真冬の北欧の小さな港町は真っ暗で、人影のない港の街路灯が綺麗だった。間違いなくそこが「インターナショナル・ピープルズ・カレッジ（IPC）」のあるエルシノアの街かどうか確かめたかったが、開いているのは鉄道の駅だけだった。

駅員にIPCやタクシー乗り場について尋ねると、彼はすぐに夜勤が終わるのでIPCまで車で送ってくれると申し出てくれた。最初に会った親切なデンマーク人だった。IPCに着きストックホルムでフィンランド人にもらった「マールボロ」のカートンを開け、お礼に三箱渡した。爽やかなエルシノア生活の出発になった。

IPCに着いたものの、キャンパスには人っ子一人見当たらなかった。私はコースが始まる数日前に到着してしまったのだ。カレッジがまだ閉まっていても当然であることにその時初めて気づいた。次から次とドアを押してみると、キャンパスの外れにある建物の一つには鍵がかかっていなかった。泥棒のごとく忍び込み、入口に座り込んで寒さをしのいだ。寒さで両肩が重くなるのを堪えながら一時間ほどうとうとしていると、「ザー」という音がした。水洗便所の水の音だった。「いる。人間がいる！」救われたと思った。あの救いの音色はその後なかなか忘れられなかった。

ほっとして入口に座り込んでいると、八時少し前にパイプを銜えた黒人が階上から降りて来て挨拶してくれた。カレッジが休みの間も宿泊を無料にしてもらう条件でバイトをしているガンビアからの青年だった。彼の世話でＩＰＣの清掃に出勤してきたデンマークのおばさんが急いで部屋と寝具を私のために準備してくれた。

バイカル号二泊・列車一泊・モスクワ二泊・夜行列車一泊の旅が一段落した。エルシノア初日の午前中は、思いっきり寝ようと思った。

共学・共働・共生の国際空間

「インターナショナル・ピープルズ・カレッジ（ＩＰＣ）」は一九二一年にデンマークのピーター・マニッケ（Peter Manniche：一八八九〜一九八一）によって、平和と国際理解促進を目指して創立された。彼にインスピレーションを与えたのは、クエーカー教徒の平和思想と実践とも言われている（クエーカー教徒については、一三九〜一四四ページ参照）。

彼の構想は、デンマークの伝統的な国民学校（フォーク・ハイスクール）制度に基づくインターナショナル・スクールを創り、そこで第一次世界大戦中に敵同士であった国々からの生徒が共同生活し、共に働きながら学べば、異文化・国際理解が促進され、その結果国際平和に貢献できる

インターナショナル・ピープルズ・カレッジ（ＩＰＣ）の食堂（中央）と事務室など

だろうというものだった。

当初は、大きな農家を改築し畜舎の上に寝泊りする程度の規模だったが、私が行った一九七三年には、百人弱の生徒が教員と快適な寄宿舎生活をおくる規模になっていた。カレッジの施設は、寄宿舎棟・食堂・休息室・教室・講堂兼体育館・図書館などの基本的なものに加えて、大きな芝生に覆われた敷地があった。小さな湖もその敷地の一部になっていた。

「インターナショナル・ピープルズ・カレッジ」の名の通り、生徒は、世界三一カ国から来ていた。デンマーク・スウェーデン・西ドイツ・ポーランド・イギリス・スペインなどのヨーロッパ諸国。イラン・イラク・シリアなどの中東諸国。アフリカからは、ソマリア・ナイジェリア・アルジェリア・ケニア・ガンビア・ガーナなど。アジアからは、日本に加えてフィリピン・香港・インド・パキスタン・スリランカ。オーストラリア・アメリカ・カナダの英語圏からも来ていた。南米からは、アルゼンチンから女性が参加していた。生徒は一八歳から退職者まで、男女比は半々くらいだった。

近年は、日本を含む三〇カ国以上から平均で六〇名から七〇名の生徒が一時期に受講している。私が受けた冬から初夏にかけての一八週間コースは現在は二四週間になり、秋のコースは以前と同様に一八週間である。

教員も国際的だった。私の場合、デンマーク人・インド人・イギリス人・ポーランド人・アメリカ人・カナダ人・韓国人の先生に教わった。

世界各地からの学生と教員が同じキャンパスに寝泊りし、三度の食事を共にして学び働くのがＩＰＣの一番の特徴と思われた。

生徒や教員は、国籍が異なるだけでなく各人の人生経験が多様だった。

学生には、大学生・無職・会社員・地方と国家公務員・元教員・現職教員・ジャーナリスト・社会運動家・画家・音楽家・農業従事者・王家の後継者などを含み、いわゆる平均的な学生像は見出せなかった。教員も、典型的な教員の経歴を持つスタッフに加えて、国連機関の元職員や、ジャーナリストや俳優として一時期生計を立てていた者もいて個性豊かだった。

私の同室者は、イギリス人のニックになった。コースが始まる数日前に到着していたので、宿舎担当のスリランカ人が特別な配慮を私にしてくれたのだ。「英語を学びたい」という私の希望を聞き入れて、二人のイギリス人生徒のひとりと同室にしてくれた。ニックは一九歳。ケンブリッジ大学に合格していたが、大学で勉学を始める前に、初学年の一年間を休学し、いろいろな体験をする考えだった。背丈が高く、パイプタバコを吹かしながら格調高い英語を話すが、風貌に似合わず結構気さくな若者だった。

カレッジの授業は、生徒の背景が多様なこともあって、講義形式は少なく、小さなゼミに近い形態だった。

希望すれば、デンマーク語・デンマーク文化・演劇・宗教学・文学なども履修できた。しかし、私は、英語をカナダ人の先生と英国人の先生に、「国際政治」をデンマークの先生に、「ジャーナリズム」をポーランドとインドの先生に教わった。デンマーク人の先生が担当していた、「音楽鑑賞」も取った。「開発学」は韓国の先生がダイナミックな授業をしてくれて刺激を受けた。「マルクス・ガンジー・毛沢東」を比較する科目も取ったが、これはインドの先生とポーランドの先生が担当だった。

授業内容も型にはまっていなかった。「ジャーナリズム」では、第二次世界大戦後の大きな出来事をソ連の新聞と西側の新聞がどのように報道したかの比較もあったし、夜の自由時間には英語でカレッジ新聞を作った。

教材も多種多様で面白かったが、記念に今でも保管しているのが、マルクスとエンゲルスの

「共産党宣言」である。「科学的社会主義シリーズ」で、一九七一年にモスクワで印刷された英語版だった。「毛沢東語録」も使われたが、あくまでも思想の比較資料であって思想教化が目的では決してなかった。

講義・ゼミを離れて、教員と生徒が多様な活動を共にして学ぶことも多かった。

例えば、「アムネスティ・インターナショナル」の運動の一環でベトナム戦争の捕虜の状況を調査した。その過程で、アメリカ軍によって解放戦線の兵士が拷問を受けながら拘留されていた「虎の檻」(ベトナム・コンソン島)に抗議するため、抗議の手紙をコペンハーゲンのアメリカ大使館へ出した。また、ポルトガルのアンゴラ支配に抗議し、コペンハーゲンのポルトガル大使館を訪れて書簡を渡したこともあった。「デンマーク労働総同盟」が運営するエルシノアの「労働者学校」と呼ばれる労働者研修センターを訪れたこともあった。

ＩＰＣの学友と

ＩＰＣの特徴のもう一つは、「マニュアル・ワーク」だった。これは、カレッジ運営に必要な業務の一部を生徒全員が分担して行う制度だった。

事務・キッチン・庭管理・掃除・修繕などの仕事にフルタイムで雇われているスタッフが当然いたが、その指導の下で手伝うのが義務だった。私の場合、建物のペンキ塗り、家具の修理、庭仕事を中心に行った。

この制度は、共同で働くことの大切さを学ぶことと、カレッジの運営費の節減が目的だったが、すばらしいといつも思った。手や体を使って働くのが人間の基本だと思った。壊れた椅子をアフリカのある国の王子と一緒に修理したことがあった。彼は授業では、南北格差解消や国連機構の強化を訴えている学生だったが、椅子の修理ではどこに釘を打つべきかよくわかっていなかった。

この「マニュアル・ワーク」ではもう一つ思い出がある。ＩＰＣの運営費用の三分の二はデンマーク政府負担で、残りが参加者負担だった。これが、発展途上国からの生徒にとっては大きな負担になった。そのため、彼らは大学内でアルバイトをしていた。その時間数を軽減するために他の生徒も働いて、収入をアルバイト生に与える提案が生徒から出た。大賛成だった。提案者はニックだった。

ガンビアの国境線

ＩＰＣの教科に「国際政治」や「ジャーナリズム」があり、マルクス・ガンジー・毛沢東が取り上げられたと書くと、カレッジは政治色の強い左派系の学校と誤解されたり、洗脳教育を行う機関ではないかとの憶測を呼ぶと思う。しかし、生徒も教員も特定の思想・信条を振りかざすことは決してなかった。

思想・信条の押し付けはなかったが、自分の考えに閉じこもって満足するのではなく、多様な政治思想や社会変革の歴史を学び、国際問題を真剣に考える必要性は力説された。思想・信条にかかわらず誰の目にも明らかな事実があったからだ。一九六〇年代末から七〇年代の初めにかけて世界は激動し平和が各地で叫ばれていた。

ベトナム戦争が長期化し反戦運動が国際的に高まる中で、アメリカ軍と南ベトナム軍はカンボジアへ侵攻し、それに抗議したアメリカの大学生の数人がデモ中に射殺される事件も起きていた。ナイジェリア内戦のもたらした「ビアフラ飢餓」の餓死者は一〇〇万人とも一五〇万人とも言われ、栄養失調で痩せこけて腹部が異常に膨張した子どもの報道写真は誰の心にも焼きついていた。

インドの介入ももたらした西パキスタンと東パキスタンの戦争は、バングラデシュ（東パキスタン）独立に至ったものの、その間の死者数は一〇〇万人から三〇〇万人と推定される大規模なもので、混乱が続いていた。

北アイルランドでは、公民権を求めるデモ中に参加住民がイギリス陸軍に銃撃を受ける「血の日曜日事件」が起きていた。

そのほか政治・思想上の大きな出来事としては一九七〇年にチリで、アジェンデ大統領の社会主義政権が民主的選挙によって成立していた。

このような世界の動きが話題になった。まったく文化の異なる世界で生まれ育った人間と人間が直接対面し語り合って、書物や普通の学校の講義では得られないものを得た。

例えば、同室のニックが、「発展途上国からの学生をサポートするために、マニュアル・ワークを全員が増やそう」と提案した背景には、イギリス人の植民地支配への反省と責任意識があった。最初に賛成したのは、ヨーロッパの中流階級出身で教育を受けた人々だった。植民地支配への歴史的責任を感じている地域・社会階層の反映である。

また、カレッジ新聞で学生の出身国「ガンビア」を紹介するページを作っていた際、私は、「ガンビアの地図は大腸に似ている」と思ったまま口にしたことがあった。すると一緒に作っていたガンビアの学生二人が激怒した。殴られるのではないかと思うほど体で怒りを表した。なぜ激怒するのか最初は理解できなかった。「大腸」の例えが悪かったかと考えたが、後になって気づいたのは、彼らの怒りは、「自分や先祖が決めた国境線ではない」という意思表示だった。

ガンビアは西アフリカの西岸にあるアフリカ大陸で最小の国である。一五世紀からポルトガル、

ガンビアの国境略図

イギリスやフランスの干渉を受け、イギリスから独立したのは一九六五年で、一九七〇年に共和制になったばかりだった。ガンビア一帯はかつて奴隷貿易の拠点の一つだった。私が気軽に話題にした国境線は、西欧の植民地政策の名残そのものだったのだ。

ガンビアはセネガルに囲まれ、西アフリカの西端に河口を持つガンビア川の両岸に領土を持つ。西端の河口から東へ約三二〇キロ上ったところが国境の東端である。セネガルにガンビア川の南北（地図の上下）を囲まれているが、領土の幅は、川の南側も北側も大雑把に計ると一〇キロ程度である。

後年、イギリス人からこの国境線が決められた〝経緯〟を聞いた。イギリスの軍艦がガンビア川を上りながら南と北へ大砲を撃ち、着弾した点を結んで国境線としたという。この説の真相は知らない。しかし、ガンビアの国境線が決定される過程には、西欧列強の歴史の汚点が鮮やかに残っていた。四〇年経った今日でも、他国について発言する時、私の心に蘇る地図である。

この体験から、「〇〇の国では」とか「〇〇人は」と発言する時は注意するが、国と特定の個人とを結びつけて懐かしく思

ＩＰＣの裏庭でバーベキューを楽しんだ（中央が著者）。1973年初夏

い出す「ＩＰＣの寮友」が多い。

日本人学生が歌っていた「星に祈りを」が大好きになり、私の下手な英訳を頼りに歌っていたデンマークのＨ。カレッジの誰にも負けない笑顔を見せていた盲目のデンマークの女性Ｍ。盗まれないよう寝室の天井と壁を使って自転車を吊り下げていたインドのＡ。突っ張りの代表者のような振る舞いをしていたが、カミュの「異邦人」の話がきっかけとなり、私と親しくなったアルジェリアのＪ。

イスラム教を周りに説いていたが、時々免税ビールを連絡船上で飲むために対岸のスウェーデンへ私と一緒に渡ったソマリアのＡ。歌詞の意味を知らないながらもＩＰＣで口ずさまない人がいなくなるまで「Guantanamera」（キューバの「グアンタナメラ」）を歌い続けた陽気なアルゼンチンの女性Ｅ。「お好み焼きには天カスが不可欠」を信条としていた日本人のＹ。朝食中に隣に座ったナイジェリアの男子生徒に「トイレの後、手を洗った？」と、率直というより露骨に無礼な質問をした西ドイツの女性M。

無口で英語を口にすることは滅多になく、誰かが挨拶をしてもサングラスの下の片頬を少し動かして挨拶に代えていたイラクのA。パジャマ・パーティーのパジャマを借りに、なぜか私のところへ来てくれたインドのZ。「国に帰ったら」を口癖にし、自国を変革する夢をいつも語っていて、帰国後にすぐに暗殺されたフィリピンのT。

皆、遠い彼方のエルシノアの良き寮友となってしまった。しかし、世界のどこかで紛争や大事件が発生した報道に触れると、その国から来ていた「エルシノアの寮友」を思い出す。

始発駅・エルシノア

ナホトカの凍てついた岸壁を踏みつけた足の感覚や、ＩＰＣ最初の朝のトイレのフラッシュ音が耳に残っているうちに、気がつくと初夏を迎えていた。

夜はいつまでも太陽が沈まなくなり、少し暗くなったかと思ってベッドに入ると、午前四時頃には明るくなり始めるのだった。しっかりと閉めた厚地のブルーのカーテンを朝開けると、白い大きなキャンドルのようなマロニエの花が芝生に映えていた。「あっと言う間」とはこのことかと実感した。
一月中旬に開講した四カ月半のコースが終わりに近づくと、生徒が次から次とキャンパスから姿を消し始めた。半年に満たないIPCの共同生活だったが、三食を共にした人々との別れには深い感情を伴った。おそらくこの先、再び会うことがないと思うと、アイスランドへ、トルコへ、スイスへ、ケニアへと帰って行く一人ひとりの後ろ姿に一抹の寂しさを感じた。エルシノアを目指して世界各地から集まって来た人それぞれの新たな旅立ちだった。誰にとっても、エルシノアは人生の新たな始発駅となった。

このような私の感情・感傷の背景には、「許されない留学」の事実が尾を引いていた。私の場合、帰るところがあってないようなものだった。一月に名古屋税関を発った際は年休を使っての留学だったので、真冬のうちに年休の残りはなくなった。その直前に名古屋税関長や人事院に手紙を出し、再度休暇の延長をお願いしたが認められなかった。

このため帰国して職場へ挨拶に行ったとしても、留学修了の報告とはいかなかった。可能であれば挨拶に出頭しないで消え去ってしまいたいと思っていた。免職になっているのを確認するため職場へ挨拶に行くのはこの上なく体裁が悪かった。

帰路は空路にし、タイのバンコック経由で伊丹空港に着いた。このルートの方が往路のシベリア経由より安いことを知ったからだ。驚いたことに、空港には名古屋や大阪から多くの「全税関」組合員が出迎えに来てくれていた。

それ以上に驚いたのは、名古屋税関に翌朝「出頭」したらクビになっていなかった。欠勤扱いになっていたのだ。私の留学中、本来私が出勤すべき日には点呼で私の名前が毎回呼ばれ、そのたびに欠勤が確認されたと聞いた。免職になっていなかったのは、留学中に「全税関」がいろいろと働きかけてくれていたからだった。

ＩＰＣ留学中に、私が望んでいたような新制度はできなかったが、私が抱えていた問題は何と国会でも論議されていた。以下は、私が横浜を発って三カ月近くが過ぎた一九七三年四月三日の「衆議院議事録」の抜粋である。〈木下元二議員〈日本共産党〉と佐藤達夫人事院総裁との質疑応答中の、核心に触れない部分は著者が削除した。〉

〔木下委員〕国公法の休職制度というのは、七十九条に規定がありますように、本人の意に反する休職制度であります。……教育を受けたい、特に職務と関連のあるような教育を受けたいというふうな場合もありましょうし、そういった理由による休職については、法制度上きわめて不十分だと思うのです。

実は、こういうふうに申しますのは、これは名古屋税関で例があったわけでありますが、本人がデンマークの国際国民大学に留学をして勉強したい、こういう気持ちがありまして、本人の希望による勉学の場合には、これまではある程度ゆるやかに扱われていたように聞いておるのですが、この人の場合には結局休職扱いにならなかったのです。この点、これは制度上不利な問題があるわけでありますが、この点については総理府のほうとしてはどのようにお考えでしょう。本人の意による休職制度という問題です。

〔佐藤（達）政府委員〕 いま例におあげになりました、Nさんという人だと思いますが、これは私のところにも非常に切切たる手紙をよこされて、非常にまじめな方だと思って、私はすみからすみまで読みました。読みましたけれども、結局これは、役所側の都合として、そのほうの勉強が直ちに役所のほうの欲しておる勉学であるかどうかということに尽きる。問題はそこに尽きるわけでありまして、したがいまして、現在の制度では、その所管の大臣なり所管の責任者が、これは役所のほうとしてぜひ勉強してもらいたいという結論にならなければなりませんから、その判断は当該責任当局者にあるということになると思うのです。

ただしかし、それと別の問題として、何もかたく休職のことばかり考える必要はないので、もう一つ、休暇とかなんとかそれに似たような制度がございます。たとえばスクーリングの問題だとか、あるいは看護婦さんが将来さらに自分の昇進のために勉強したいというふうないろいろなケースもございまして、われわれとしては、そういう広い意味で、そっちのほうの問題として現在検討いたしておるわけです。

結局、無断欠勤に対する懲戒処分は、「減給一〇分の一を三カ月」だった。処分としては軽いと受け止めた。しかし、処分理由の「国家公務員として相応しくない非行があった」の「非行」なる表現が受け入れ難く、私は人事院へ不服申し立てを行った。処分取り消しは期待しなかったが、デンマーク留学闘争の筋道を最後まで通すためにはたたかう必要があると考えた。人事院の公平審理の結果、「非行があった」は取り消しとなった。

その後、私の無許可留学強行から三四年がたった二〇〇七年に、以下のような法律が日本でできた。

「国家公務員の自己啓発等休業に関する法律」平成一九年五月一六日法律第四五号（抜粋）

第一条　この法律は、国家公務員の請求に基づく大学等における修学又は国際貢献活動のための休業の制度を設けることにより、国家公務員に自己啓発及び国際協力の機会を提供することを目的とする。

第三条　任命権者は、職員としての在職期間が二年以上である職員が自己啓発等休業を請求した場合において、公務の運営に支障がないと認めるときは、当該請求をした職員の勤務成績、当該請求に係る大学等における修学又は国際貢献活動の内容その他の事情を考慮した上で、大学等における修学のための休業にあっては二年（大学等における修学の成果をあげるために特に必要な場合として人事院規則で定める場合は、三年）、国際貢献活動のための休業にあっては三年を超えない範囲内の期間に限り、当該職員が自己啓発等休業をすることを承認することができる。

第五条　自己啓発等休業をしている職員は、職員としての身分を保有するが、職務に従事しない。

二　自己啓発等休業をしている期間については、給与を支給しない。

私の留学希望・運動の方向は歴史の方向と一致していたと思う。もしこの法律がもっと早く交付されていたら、「バイカル号」上の私の「もう帰れん！」の悲壮感はなかっただろう。

イギリス女性との結婚

ＩＰＣで私は、イギリス人女性エルドリン・リスターと出会った。彼女は、ＩＰＣへ留学する直前まで、スウェーデンのゴッテンブルグ大学で英語を教えていた。次の職場を探すまでの充電期間としてＩＰＣに学生としてやってきた。

彼女との出会いは、「英会話の練習」がきっかけだった。ＩＰＣへイギリスから来ていた学生は、私の同室者のニックとエルドリンのみだった。英会話の練習をしたいが一念で、ニックと同室にしてもらったものの、彼は活動的な若者で私とゆっくり話し合う時間がなかった。そんな時、エルドリンが英語の先生であることを学友から聞いた。個人レッスンを頼もうと思ったがなんとなく恥ずかしかった。そこで、日本からＩＰＣへ来ていた他の八名の生徒の中で、私と同様に英会話の練習をしたがっていた芦屋市出身の男性Ｎさんを誘って、エルドリンに頼んだ。

Ｎさんと二人で彼女の部屋でレッスンを受けだしたのは、ＩＰＣのコースが半分以上過ぎた頃だった。彼女は、私より九歳年上で、気長で寛大だった。つたない英語でマルクスや仏教などの困難なテーマについて話そうと四苦八苦している私に、いらだちも見せずに根気よく指導してくれた。

ＩＰＣ滞在が終わりに近づく頃、私は彼女に恋愛感情を抱くようになっていた。また、彼女はＩＰＣの後どこで仕事をするか決めていなかったので、私は、名古屋へ帰ったら彼女の仕事を見つけると、帰国直前にエルシノアで約束していた。

帰国するとすぐに名古屋で仕事を探し始めた。彼女の名前がちょっとした問題になった。フルネームは、「Adrienne Lister」だった。苗字は「リスター」とカタカナ表記が可能だったが、名の方は困難だった。英語やフランス語で発音してカタカナに直して書くとそのたびに読んだ人々が面倒がった。模索しているうちに、飛騨の親やきょうだいでも発音したりカタカナ書きにできる「エルドリン」に落ち着いた。

幸いにして名古屋市内で仕事が見つかった。児童英語教育を専門にしている小さな組織だったが、責任者もスタッフも面倒見の良い親切な人々で運が良かった。彼女は、一九七三年九月中旬に名古屋に着いた。

親切な職場の皆さんに支えられて彼女の日本生活はスムーズに始まった。最初に覚えた日本語は、「どんぶり」や「イカ入り焼きそば」だった。同僚の教師と事務所の近くのお店へ昼食を買うためにどんぶりを持って出かけることが多かったからだ。

彼女にとって職場でのコミュニケーションには問題がなかったが、私へのちょっとした連絡が一仕事だった。携帯電話やメールどころか、私たち双方には個人用の電話さえなかった。千種区の彼女のアパートと職員寮のあった港区の距離も、車のない身には相当な距離に感じられた。

エルドリンが名古屋に来てからしばらくすると結婚を考えた。二人で将来のことをじっくり話し合って出した結論ではなかった。彼女に聞くと、「別々に生きることは考えられないので」と、何となく消去法的だったが同意した。エルシノアで知り合って一年と経たないうちに結婚を決める自分を省みる瞬間もあった。しかし、究極まで突き詰めて真剣に考え抜けば、人間は結婚など多分できないと思った。

世界の何十億の人間の中で、二人の他人同士が選びあって、客観的に「最善」のカップルなどが生まれ得るはずがないと考えた。そのような選択能力は誰にもないし、必要もないと思った。結婚後も生涯において何億という「選択」を自分も彼女も日々迫られる。大切なのはこの先の人生においてそれらの選択の一つひとつと、私たちが真摯な態度で向き合うことだと考えた。

二人の間では結婚を決めたものの、道義上、飛騨の家族や知人にも一応「相談」した。一九七三年の年末から七四年の新年にかけて飛騨へ帰省し、エルドリンを両親やきょうだいに紹介した。

村で子どもの頃にお世話になった人からは、「もう一年か二年付き合ってから」ときわめて常識的な助言をもらったので、「そうですね」と考えてみる振りをしておいた。父親は、村の元村会議員に相談したと言っていた。結果は、「イギリス人なら外人でも結婚させて良いのではないか」というのが「村の長老」の見解だったそうだ。人種偏見きわまりない意見だと思った。父親自身は反対の雰囲気を持っていなかった。母親はいろいろとエルドリンに気をつかい、自分の意見は言わなかった。

名古屋に帰ってエルドリンに感想を聞くと、年の瀬の夕闇の中で実家の庭の石仏に蝋燭を捧げ、小雪の舞う中で拝んでいた母親の姿が印象的だったと言っていた。石仏は私の兄たちが子どもの

1974年2月16日、名古屋市内の「名演会館」で行われた会費制結婚式。職場や地域の友人とともに。前列右から2人目が著者。その隣がエルドリン

頃、砂岩に彫ったものだった。

結婚が決まるとまた再び「全税関」にお世話になった。

エルドリンの家族を結婚式に日本へ呼び寄せる財力は私たちにはなかったので、一般的な結婚式は一切考えなかった。そこで名古屋の全税関組合員が中心になって会費制結婚パーティーを開いてくれた。

この時点で、私が起こした「失敗」が三つある。

まず、式当日の服装。私は税関に入って最初に新調した普段着の背広だった。彼女のドレスを一つ買った。黒一色だったので彼女は反対だったが、「常識など」と私が言い切って決めた。白と黒の違いを見分ける程度の冷静さはあったが、デザインが好きだったので押し付けた。結婚後何十年経っても時折問題が浮上する。

二つ目は、仲間がパーティー会場に張り出した「Adrienne and Hisashi no Party」の大文字による

表現だった。「おかしいよ」と言うべきと思ったが、仲間の親切を思うと口にできなかった。写真がイギリスの家族や知人に見られるたびに説明が要る。「and」は英語で、「no」は日本語の「の」の意味で書かれているのだが、日本語を知らない人々は、「No Party」と読んでしまう。「何でこんなに大きなパーティーなのに!?」と聞かれてしまう。

最後の選択間違いは、妻にエンゲージ・リングもウェディング・リングも渡さなかった。考えてもみなかった。これが原因とは思わないが、後年、二つのリングに代えて彼女にサファリング(suffering＝苦難)をいくつも与えることになった。

イギリスへ

「質素」という表現が良いのか、「最低限」が適切なのかわからなかったが、エルドリンと私の新たな生活が始まった。

幸いにして、名古屋市名東区にあった国家公務員宿舎を借りることができた。一階に台所と一部屋、二階に一部屋だった。木桶のガス風呂があり、エルドリンは洗濯機代わりにもした。小さい白黒テレビは友達にもらい、小型冷蔵庫は彼女の会社から借りたので、新規に購入した生活用品はなかった。

入口に直結した台所に、留学時にデンマークへの荷物輸送に使ったアルミ製の大型トランクを置き、その上に薄いクッションを置いてソファに見せかけた。壁はコンクリート・ブロックがそのまま露出していた。その灰色一色を少し覆うために、妻はカラフルな観光風景のペーパー・バッグをたくさんかけた。

寝ているとムカデが顔面を這うことが続いたので薬局で「バルサン」を買って焚いた。デンマーク留学で知り合ったTさんが一度宿舎を訪れてくれたが、後日届いた彼からの礼状には、「人間生活の原点に触れた……」と書かれていた。素直に褒め言葉と受け止めた。価値観の共有とまではいかなくても原点を確認し合えるエルシノアの寮友の存在がうれしかった。

通勤は、バスと地下鉄を利用した。帰宅時にバス停近くの小さなお店でちょっとした買い物をした。宿舎まで少し歩くので買い物は重い物は避け、その日の夕飯用に鶏のササミなどの軽いものを買って帰ることにしていた。安いウイスキーや日本酒はよく買った。ある日、日本酒を買って帰る時に、一升瓶だと提げて帰るのに重いので四合瓶にして帰宅し、妻に土産だと言って渡した。すると彼女は、「私も」と言って、アルミ箱ソファ脇の一升瓶を指差した。

これといった不満もない生活が始まって一年と経たないうちに、このような人生を一生送ることはできないという考えが強まった。

「幸せ／不幸せ」といった視点から自分の状況を考えたことは少なかったが、「幸せですか？」

と誰かに尋ねられれば、「はい、お蔭様で」と答えたと思う。仕事も私生活も安定し、それなりに充実感があった。それ以上何かを望むことは欲であり、わがままかとも考えた。しかし、自分の一生がこの今の人生の延長線であるとしたら、何か物足りないものを感じた。

明確な目的があったわけでも夢があったわけでもなかった。そんな中で、職場を辞めてゼロから出直すためにイギリスへ渡ることを真剣に話し合うようになった。妻は、ホームシックにかかることもなく日本での新しい生活に前向きだった。渡英案に対してもそれなりの理解を示したが、積極的に賛成はしなかった。選択肢は、このままの人生を歩むか、イギリスへ渡るかだった。何か良い考えが具体的にあって渡英を考えたのではなく、今の人生を捨てた場合の可能性としてあったのが渡英だった。

職場を辞める決断がなかなかできなかったのは、「全税関」と私の関係だった。組合員が不当な差別を受けながらも職場のために頑張っている姿に連日触れ、自分の留学闘争や結婚パーティーに誠心誠意尽くしてくれた仲間に、「これで失礼いたします。お元気で」とは言えなかった。

私は決して組合の「活動家」ではなかったが、結婚前後も週二回の組合新聞発行・早朝配布やさまざまな夜の会議に加わっていた。鉄筆でなくても字を書くとミミズのひきつけのようになるので、ガリ版はできる限り避けていたが、印刷したりちょっとした原稿は書いた。会議の後、印刷された新聞を翌朝配布する手配をして先輩の軽自動車で自宅まで送ってもらうと夜一一時頃だった。その翌朝、七時前に家を出て職場の玄関前で出勤してくる人々に新聞を配った。組合のために私もかなりの時間を割いていたが、私の何倍も頑張り、私を支えてくれた人々に、私は戦列から離れますとは言い難かった。

加えて、私も、若者に全税関へ加入するよう積極的に誘った経緯があった。「職場のために一緒に頑張ろう。社会正義のためにたたかおう」と仲間に呼びかけた。私が全税関へ加入すると数名が続いて加入を決意した。「数名」と一口にはできなかった。T君にはT君の人生が、K君にはK君の人生があった。彼らの生まれ故郷や父親の性格などに至るまで語り合い、きょうだい以上に知り合った人間の人生を自分が関与して変えたのだった。

彼らが全税関加入によって一生涯に受ける金銭上の不利益や、人事異動その他で受ける精神的苦痛を考えると、全税関加入を誘うこと自体にきわめて大きな責任を感じた。それなのに、自分が彼らと苦楽を分かち合うことなく、自分だけの道を歩み出すことは「罪」以外の何物でもないと苦しくなった。「中村」「中村さん」「中村君」と声をかけてもらい、彼らと一緒に生きる覚悟をしていたと思っていた自分は一体何者なのか。偽善者か詐欺師か利己主義者か。

全税関組合員に自分の心の内を伝えると、私の将来を心配する仲間、急がずに結論を出すように勧める先輩はいたが、少なくとも表立って私の「寝返り」を批判する者はいなかった。それが逆に私の心を苦しくした。いっそのこと、喧嘩別れができれば楽なのにと思った。

そんな心境の中で、自分が「全税関」にいなくなることを重大視するのは自分の過大評価であり、不遜だと自分に言い聞かせ、私は、一九七五年四月一一日付で名古屋税関を辞めた。税関に入って六年後の春であり、「バイカル号」出帆から二年三カ月後の結論だった。

この瞬間から私は、〝十字架〟を背負って生きることになった。

全税関組合員、特に、私が、全税関加入を誘った結果加入した仲間に対して、罪の意識を常に持ち続けている。四〇年以上前に、「平和」「正義」などについて彼らに話したことの一言一言が自分の脳裏にも焼き付いている。どの世界でどのように生きていくことになっても、不当な差別には反対し、社会正義と平和のためにたたかう姿勢は崩さないと自分に誓っている。

Ⅲ

イギリスでの底辺生活と娘の誕生

著者の娘が生まれたハロゲイトの病院の近くの風景

ヨークシャーで暮らし始めて

一九七五年四月二三日。私と妻エルドリンは羽田空港を発ち、翌日ロンドン・ヒースロー空港に着いた。シベリア経由の空路はまだ開かれていなかった。少なくとも数年間の滞在予定で、永住の可能性も念頭にあったが身の回り品は少なく、別送の引っ越し荷物はなかった。

ロンドンからヨークシャー州に住む妻の両親の家へ向かった。結婚した年の夏に挨拶に訪れていたから二度目の訪問だった。義父は航空技師で、アイルランド政府の航空機事故調査部の要員をしたり、北アイルランドの航空機製造会社に設計技師として勤めた後、郷里のヨークシャー州に退職後の小さな平屋を買っていた。義母もヨークシャーの出身だった。

到着後すぐに仕事を探し始めた。両親は小さな村に住んでいたが、近郊には、リーズ、ブラッドフォード、シェフィールドをはじめとする大きな都市もあり、一帯は産業革命を経た一時期、「世界の毛織物工場」と呼ばれた地域だった。このため産業が衰退したとは言え、好き嫌いを言わなかったら工業関係の仕事は十分あると楽観視していた。

仕事探しは地元紙の新聞広告が頼りだった。リーズ市に拠点を置く「The Yorkshire Post」やブラッドフォード市の「The Telegraph & Argus」、地元の「The Keighley News」などを次か

「嵐が丘」や「ジェーン・エア」などの作品で知られるブロンテ姉妹と家族が住んでいたハワースの家（中央）。現在は博物館になっている

ら次と買いあさった。

広告に応募して運が良いと面接に呼ばれるのだが、通常は締切り後二、三週間すると、「応募ありがとうございました。残念ながら……」の通知が届いた。応募数が三〇通を超えた頃、焦りが激しくなり、自己嫌悪に陥りかけた。「社会は自分を求めていない。ここでは何の役にも立たないのか」と、仕事がなくて収入がない事実に加えて、社会に拒否されている被害者意識が自分を苦しめた。

ジョブ・センターへも出かけて相談した。「嵐が丘」「ジェーン・エア」などの作品を書いたブロンテ姉妹が住んでいたハワースの村の隣のキースリー（Keighley）のジョブ・センターだった。

そこで、「電子機器テクニシャン養成コー

ス」に給与をもらいながら通える制度を知った。「テクニシャン」は「技術者」であるが、科学者や技師ほど高いレベルの仕事はしない。家庭電化製品の修理程度の仕事をする者から、先端科学の実験を補佐する者までを含み、幅広く使われる。受験したら九八点で担当者が強く勧めたが斐太実業時代へ戻るような気がして断った。薬剤師見習いコースも可能だったが、「強迫神経症」の自分を意識した。医薬品を間違えて人を殺す前にその心配で自分が寿命を縮めてしまうに違いないと思い、これも諦めた。

その後、通販会社のコンピューター要員の受験をした。試験監督の若い女性が優しそうだったから、「時間さえあれば問題は全部解ける。設問が英語だから解くのにちょっと時間がかかる。少し余分に時間をください」と言ったら、「いいよ」と愛想良く言ったので安心して帰宅したが、落ちた。ボールベアリングを袋に詰める仕事があった。これだったら英語が下手でも大丈夫と思って受けたが面接で落ちた。帰り際にネクタイを締めている人間は工場内で私だけだったのに気づいた。工場の倉庫番の仕事には、「元・日本国国家公務員」「元・税関監視部職員」が絶対有利と思って面接に行った。しかし、私の前に面接を受けていた巨大な男の刺青を見た瞬間に勝ち目がないと悟った。

仕事探しの合間に翻訳も試みた。「日本工業規格」「半導体の不純物拡散実験」「化学工場労働災害調査報告」などの技術翻訳を引き受けた。日本語文献の英訳だった。タイプライターは両親が一時通ったユニタリアン教会の牧師の好意で貸してもらった。

だが、専門用語の辞書も十分なく時間がかかり、翻訳を職業とすることは考えられなかった。例えば、「肝血管肉腫」の一語を英訳するために図書館などで丸二日調べ歩いてもわからず、医学ジャーナルの編集をしていた妻の弟を訪ねて泊りがけでランキャスターまで出かけたこともあった。

次から次と求人広告に応募して落ち、その数が五〇から六〇になる頃には相当に落ち込んだ。妻も彼女の両親も小言は一言も言わなかったが、仕事探しで三カ月以上過ぎると、「自分は駄目な人間なのだ」と思わざるを得なかった。

こんな状況下にある時、誰かが「生活保護を受けたら」と言い出した。体裁が悪かったが仕事もないのに金を気にしないで生きていると勘違いされるのが嫌で、役所へ行った。

「私は、日本では当然納税していたが英国では税金を払ったことがない。その私に生活保護を受ける権利がありますか?」と、「武士は食わねど高楊枝」の雰囲気で聞いた。すると窓口の女性は、「私たちが知りたいのは、あなたに受給の権利があるかどうかではなく、あなたが保護を必要としているか否かです」と、微笑みながら申請書を差し出してくれた。

「社会福祉とはこのことか」「決して財政が楽でない英国で、〝腐っても鯛〟とはこのことか」と思った。その後「嵐が丘」の近くを通るたびにあの微笑の源泉を考えさせられる。結果的に、二週間分くらいの支給を受けた。

応募が六〇件を超えてもうまくいかない頃から応募数を数えなくなったが、確か六九件か七〇件目に、「Keighley Technical College」のテクニシャン（日本で言う「理科助手」）の仕事に応募した。

実技試験は問題なく、口頭試問は、「変圧器の電気エネルギーの損失は何によって起こるか？」程度だった。「鉄損と銅損です。鉄損は……」と、自信を持って対応できた。これで駄目だったらもう本当に駄目だと思うほど自信があった面接だった。しかし、結果は駄目だった。

このショックで、「恥ずかしいけれど日本へ帰ろう」と思った。「最後にもう一つだけテクニシャンの仕事に応募し、それが駄目だったら日本へ帰ろう」と妻に伝えた。彼女も消極的ながら理解した。税関を辞めて四カ月が過ぎた真夏の八月中旬だった。

ウェザビー・ハイ・スクール理科助手

「今日仕事に就けなかったら日本へ帰らなければならない」と、心の中で繰り返していた。「ウェザビー・ハイ・スクール」（Wetherby High School）のテクニシャンの仕事に応募し、面接試験に向かう車の中だった。

妻の両親の家からウェザビーの街までは、車で一時間くらいだった。バスを乗り継いでいては不便すぎると、当日義父が車で送ってくれた。その日は夏の爽やかな日だったので、妻や彼女の母親も気分転換を兼ねて同行した。

家族に守られているような気もしたが、「今日駄目だったら」と考え出すと圧迫感にもなった。家族は私を気楽にするためか、ウェザビーの街についていろいろと明るく語り合っていた。しかし、私の頭の中は、「日本へ帰ると言ってもどこへ帰るのか」「全税関の昔の仲間にはどう説明するのか」「国家公務員を私が辞めて落胆していた両親はどんな気持ちになるか」などの不安でいっぱいだった。

ウェザビーは、羊や牛などの家畜を売買するヨークシャー地方のセンターの一つとして発達した典型的な市場町だった。列車はなくバスの駅から歩いて一〇分くらいのところにハイ・スクールはあり、校舎の周りは広大な芝生だった。中学校と高校の一貫教育を行っていて、教育行政上はリーズ市の管轄だった。

学校に到着すると夏休みで人影はまばらだった。理科関係の科目全体の責任者（Head of Science）のベリー先生が構内を案内しながらテクニシャンの仕事に関連する建物を丁寧に説明してくれた。応募した職の正式名は、「Science Laboratory Technician」で、日本的に言えば高校の理科助手だった。

担当すべき実験室兼教室が合計七つと準備室が三室あり、物理二名・化学二名・生物学二名・科学一般一名の先生に加えて、テクニシャンが二名いた。そのテクニシャンのひとりが転職したので九月の新学期から欠員が生じていた。ハイ・スクールには、他の教科のためのテクニシャンも二名いて、農業・畜産・林業・金属加工・木工関係の授業のサポートをしていた。

面接が始まった。ベリー先生とリーズ市の「サイエンス・アドバイザー」という偉い地位の人が面接官だった。二人とも、早期退職を考える頃の年齢に見えた。

最初に話題になったのは、私の応募の手紙だった。当時は、応募要項・願書などと言った形式ばったものはなく、応募は手紙が一般的だった。今日では日本の履歴書に当たるＣＶ(curriculum vitae)は必須で、それによって採否が大きく左右される。

私の応募の手紙は手書きで、小さい便箋を数枚使っていた。ベリー先生は、タイプで打った手紙より手書きの方が書いた人間の性格がわかるから好きだと言った。そこまでは良かったが、筆記体でない理由を聞かれた。タイプ代わりだから、書くには時間がかかるが読み易いだろうと思ってと、適当に答えておいた。英語も筆記体で書くと自分の日本語の手書きと同様にミミズのようになるとは、正直に言わなかった。

次に、国家公務員だった私は、優秀に違いないと褒められた。そして褒める根拠として、ベリー先生は、古代中国の官吏採用試験は、合格するのが困難だったことで有名だと言い出した。

日本人としてどのように反応すべきか困惑したが、「試験はそれなりに困難でした」と、これも適当に返答しておいた。

ここまでは、私の一般的な人柄のチェックだったと思うが、その後、理科系の知識になった。「光合成」とはなにか、「オシロスコープ」（電気信号の変化の様子をブラウン管に線で描かせる電子機器）は使えるか、「濃硫酸を指定の濃度の希硫酸に希釈できるか」などだった。

これらの「硬い質問」には答えやすかったが、「生き物の世話はできるか」の質問には一瞬戸惑った。犬は子どもの時飼っていた。また、ヤギの乳絞りを飛騨の生家でさせられた。しかし、生物学の授業には関係ないだろうと思った。また、家畜の世話には、農業と畜産担当のテクニシャンが学校にいると聞いたばかりだった。そこまで知恵が回った瞬間、「生物学関係でいう生き物なら、トカゲやヒルやカマキリか」と考えつき、同時に、子どもの頃捕らえた小魚に混じっていた「アカハライモリ」のグロテスクな赤い腹を思い出し、ぞっと身震いした。

この段階で迷ってしまった。爬虫類や軟体動物は苦手と言ってしまったら大きなマイナスになるだろう。ベリー先生と彼の妻は二人とも生物学の先生で、奥さんも同校で生物学を教えていると説明を聞いたばかりだった。生物学関連が苦手では致命的になりかねないと不安になった。反面、調子の良い返事をして、「それではこれを」と、得体の知れない生き物でも入った箱を差し出されて掴むようにでも言われたら一巻の終わりと思った。

「正直で行こう。それで駄目だったら悔いもない」と覚悟した。「仕事だったらゴム手袋でもはめてどんな生き物でも取り扱います。でも正直なところ、蛇だけは……」と答えた。すると、ベリー先生は「蛇は授業には使わないよ」と、私を安心させるがごとく笑いながら言った。

その後、ベリー先生とアドバイザーは学校長やその他と打ち合わせをするからと言って、席をはずした。

一五分後に駆け足で戻って来たベリー先生は、「現在、学校の近くに住んでいないが、九月から出勤できますか？」と、息を切らしながら私に尋ねた。「明日からでも」と即答した。その瞬間、これで日本に帰って恥をさらさなくてもすむと、思わず安堵のため息が出た。

面接が終わると、バスの駅の近くの小さな広場へ駆けて行った。予想以上に時間がかかったのでエルドリンも両親も心配げに私を探している様子だった。妻に遠くから「仕事を手に入れたよ！」と走りながら伝えた。「本当！」と彼女は言ったものの、すぐに母親の方を向いて泣き出してしまった。

キャラバン・サイト

ウェザビー・ハイ・スクールで仕事に就けたものの、バスで通勤可能な地域に住む場所を見つけなければならなかった。そこで、私は、ウェザビーで旅行者向けの安い朝食付きの宿（B&B＝ベッド・アンド・ブレックファスト）を見つけて仮の宿とし、ベリー先生夫妻や学校の管理人さんの紹介で借家探しをした。その間、妻はウェザビーの北西に位置するハロゲイト（Harrogate）で住まいを探した。

住所不定の落ち着かない形で異国での仕事が始まった。理科系の先生・学校長・事務員・管理人・掃除のおばさんなど、みな親切だった。出勤時から帰宅時まで仕事を共にしたテクニシャンのルースは二〇歳を少々過ぎた年齢の女性だったが、外国人である私にきわめて自然に接してくれた。何を尋ねても気さくに教えてくれた。人間関係が当初からスムーズなのは、ベリー先生が私について好意的に周りに話してくれたからだとすぐにわかった。「あなたが、あの熱心に働く新しいテクニシャンなのね……」などと、掃除のおばさんが声をかけてくれたり、「君があの日本からの……」と、校庭の芝刈り作業をしていた庭師が笑顔で挨拶してくれた。

仕事を始めて一週間と経たない頃、うれしい問題が持ち込まれた。一週間に一日は学校へ出勤することなく、リーズ市のカレッジ（理科系の専門学校）に通ってテクニシャンの正規資格を取って良いと言われた。この資格は、国家資格で、学校や民間の科学実験室で実技を担当する者が通常目指すものだった。レベルが二段階あって私は下のレベルを考えた。

勧められるままにリーズ市のど真ん中にあるカレッジへ行って、物理学専攻のコース説明を聞いた。その後、斐太実業の成績証明書の英訳を見せて、「日本では物理をも含めて電気工学を学んだがイギリスで学んだことはない。受講して大丈夫だろうか」と尋ねた。すると、「日本もイギリスも原子核の構造は同じだろう」と笑って入学を認めてくれた。そしてさっそく宿題を抱えて帰り、次の週から通った。朝九時から夜の九時まで授業があった。

仕事に加えカレッジの勉強を始めると、B&B生活は窮屈すぎた。疲れて帰って狭い部屋に独りでいては休息にはならなかった。居間で家主家族やもうひとりの間借り人と話をするのも億劫だった。

そんな頃、妻がハロゲイトで、「キャラバン・サイト」が見つかったと電話をくれた。数階建てのアパートかと思ったが、「キャラバン＝キャンピングカー」の「サイト＝用地」だった。妻が借りた「物件」へ行ったら、キャンピングカーを一〇〇台くらい収容できる広い敷地に、妻が契約した小さなキャンピングカーがあった。イギリスで最初の「我が家」だった。当時の私たちが置かれている状況を象徴するかのような〝仮の宿〟だった。

「キャラバン・サイト」での生活はキャンプと同じだった。トイレやシャワーは屋外に設置された共同施設で、飲料水は外からキャラバンへ持ち帰った。キャラバンをうっかり出ると、地面一帯に這い回っていたナメクジを踏みつぶすことがあった。就寝時には簡易ソファやテーブルなどを動かして寝る場所を確保した。名古屋のコンクリートブロックがむきだしの、ムカデが這い回った公務員宿舎が裕福な生活に思えた。

最も困ったのが、読書と毎週提出するレポート作成だった。カレッジは一週間に一日だったが、自分の英語力では毎晩勉強しないとこなせなかった。「骨皮筋衛門」があだ名だった私でも身動きに苦労するキャンピングカーの狭さに加えて電気がなかった。ガス灯一つで本を読み、レポートを書かなければならなかった。目がともかく痛かった。

二週間と少しで、キャラバン・サイトを出た。しかし、普通の住居を借りる経済力はなかった。幸いにも、古過ぎてもう住めないからと、取り壊しが決定している空き家を妻が見つけてきた。物件の持ち主に問い合わせたところ、取り壊すまでの間、貸してくれるという。何となく自分たちがネズミのように思われたが他に妙案はなかった。

この物件を借りようとする者は他にいなかったので、ハロゲイトの街中に位置しながら、家賃は安かった。しかし窓はろくに開かず、トイレは屋外の「小屋」だった。寝室は二階で、その上の屋根裏に風呂があったが、屋根裏を掃除することは不可能に近かった。長年のゴミや埃が分厚いカーペットのようになっていて足の踏み場がなかった。

屋根裏の掃除は諦めて、風呂に入る時は、新聞紙を敷いてその上を歩いた。幸い、イギリスの寒い気候のおかげで毎日風呂に入らなくても過ごせたが、風呂に入っていると秋風が吹き込んできて、子どもの頃に囲炉裏の上へ舞い込んできた飛騨の吹雪を思い出した。

「我が家」のどこを一生懸命掃除してもあまり変化がなかった。唯一の変化は、毎朝一階の居間のカーペットに描かれていた銀色の抽象画だった。夜中に訪れるナメクジの仕業だった。

私たちの一九七五年の秋は、「キャラバン・サイト」からこの取り壊し寸前の古家へと生活水準を上げていったが、年を越えてここに住むことはできないと考えるようになった。私と妻の二人だけだったら、ここでも生きていけると思ったが、妻が妊娠していた。年明けには出産予定だった。

税関を去って五カ月以上が過ぎ去る中で、予期しなかった長期の仕事探しが渡英後の予定を狂わせていた。多少無理をしてでもお金を稼いで、人並みと言えないまでも人間の住処らしい場所を見つけないと生まれて来る子があまりにも惨めだった。我が子の健康に絶対に良くないと考えた。

幸い、リーズ市のカレッジからハロゲイト市内の類似のカレッジへ転校できたので、週に三時間くらい余裕ができた。そこで再び翻訳を引き受けた。「英国規格協会」（ＢＳＩ＝British Standards Institution）から仕事をもらい、苦労しながら日本工業規格などの英訳にいそしんだ。

どうにか一九七五年の晩秋にはこの古家を出て、二戸一家屋（二軒一棟＝semidetached house）を借りた。家具付きの二階建てで古くもなく、三人家族の生活には十分だった。しかし、家賃が安くない上に契約内容が仔細にわたっていて、「備え付け家具一覧表」には「灰皿用貝殻一つ」まであらゆる物が含まれていた。

借家に引っ越しを終えた頃は、午後三時半には薄暗くなる時期だった。仕事を終えて帰宅すると六時過ぎで、カレッジの勉強がある日は夜一〇時少し前だった。

周りの家々には大きなクリスマスツリーが飾られていた。霧深い夜ほど温かく目に映った。今年は要らないけれど、子どもが生まれたら我が家でも小さいツリーを買おうと、帰宅時にいつも思った。

マヤの誕生とイギリスの病院

その年のクリスマス時期は、私たちは妻の両親の家で過ごし、一九七五年の大晦日前にハロゲイトの借家に帰っていた。

年が明ければ、「その日」が来る。緊張感とここまで無事にたどり着いた安堵感が入り混じる複雑な気持ちに包まれていた。一日一日が長く感じられた。私が家にいる時にエルドリンが産気づいた場合、私が病院へ電話をかける手配にしていた。その際にしっかりと用件が英語で説明できるように、彼女から教わっていたセンテンスを何回も心の中で練習していた。

その日が来た。一九七六年一月七日。夜の九時過ぎだった。私は、病院とタクシー会社の電話番号と用意していた小銭を持って、本通りの公衆電話へ駆けつけた。「タクシーで病院へ向かいます」と伝えると、すぐに救急車を送るとの返事だった。緊急ではなさそうだからタクシーで行くと繰り返したら、タクシーの手配はまったく不要と、優しい声が返ってきた。「嵐が丘」のジョブ・センターに続いて、福祉国家イギリスの手厚い対応をまた実感させられた。

救急車が静かに来た。年配の男が、「急がなくていいよ。ゆっくり、ゆっくり」と戸口から付き添ってくれた。私も同乗するよう誘われた。一言一言に、私たちを気楽にさせようとする心遣いを感じた。プロとはこのようなことかと頭が下がる思いがした。

病院までは車でゆっくり走っても一〇分とはかからない距離だった。しかし、とても長く感じた。「十二夜」（一連のクリスマス祝いの最終日の夜。該当日として一月五日と六日の二説がある）の直後で、街にはクリスマスの余韻がまだ漂っていた。霧とも霧雨とも区別し難い白い空間を背景に映えるナトリウムの街路灯がひときわ清冷に思われた。とても静かな夜だった。街明かりの一つひとつに祈りを捧げるような気持ちでいると、やがて救急車が病院に着いた。

七日の夜は深夜まで付き添っていたが、生まれそうにないので帰宅するよう看護婦さんから指示を受けた。

翌朝、病院へ戻った。妻は相部屋にいた。

部屋の様子が目に入らなかった。焦点は常に妻のベッドに合っていて、その周りの空間はぼんやりした古い映画のようだった。昼を過ぎても夕方になっても進展がなかった。産科医や看護婦さんが定期的に検診に来てくれた。

隣のカーテンを通して女性の苦悶が伝わり嗚咽が漏れてきた。牧師さんが来てそのカーテンの中へ入り、何か優しい言葉を女性にかけていた。不吉な感じがしたが、考えてみるとイギリスでは、結婚、洗礼、葬儀のどれも牧師の仕事だった。そんな雰囲気の中で、妻の年齢や初産であること、それに昨晩から入院していることを考えると、私の不安は募った。産気を訴えてから丸二四時間が過ぎていた。

夜一一時頃、医師の診断の結果、胎児に十分酸素が送り込まれていないので緊急に帝王切開する決定が下された。麻酔医師など数人のメディカル・スタッフが慌しく動き回り、妻は分娩・手術室へ運ばれていった。

自分には何もできない、苦痛をわかち合えない無力感が両肩を重くした。そんな時、「あなたの世話は私がします」と、インド系の二〇代の看護婦さんが分娩室方面の廊下に椅子を出し、そこに座って待つよう私に指示した。飲み物を勧められたが断った。しかし、何か飲んだ方が良いと言われブラック・コーヒーを頼んだ。彼女は紅茶を飲みながら、「帝王切開の手術はすぐに終わるから」と、私を安心させようとしていた。私にまで気遣ってくれるのだから、妻と胎児は大丈夫なはずだと自分に何度も何度も言い聞かせた。

コーヒーを啜っていると、彼女は書類を持って来て、「子どもの名前を教えてください」と急に言い出した。まだ決めていないと返事しても今すぐ必要と言われ、何か良くないことが起きたのではないかと震えた。生まれてもいない男とも女ともわからない子どもの名前がなぜ必要なのか気が気でなかった。

しかし、書類を整える上で必要とのことで、「未定だが、女の子だったらマヤ。男の子だったら太郎にするだろう」と答えた。すると彼女は、「マヤはとてもすばらしい綺麗な名前！」と自分のことのように喜び、「インドには多い名前で、お釈迦様のお母さんの名前です」と微笑んだ。

彼女は事務室へ戻り、私は人通りが絶えた廊下でただ無事を祈っていた。子どもの性別や名前などは一切考えられなかった。妻子が無事だったらと、それ以外何も望まなかった。

一二時を過ぎた。一分一分が長く感じられ、時計を見るのが不安になった。一二時半を回った頃、看護婦さんが台車を押しながら来るのが見えたので、妻の様子を尋ねようと思った。すると、私が口を開く前に看護婦さんが、「あなたの子どもを見たくない!?」と私に微笑みかけた。「子どもは大丈夫ですか。問題はないですか？」「She is fine.」「母親は？」「She is also fine.」と返ってきた。

その時、看護婦さんが「She」を使った意味に気づき、「マヤ」と呟いた。「マヤ。マヤ」と心の中で何回も繰り返したが、胸はつまり、安堵と幸福感で何かを考えることも口に出すこともできなくなった。

看護婦さんから、帝王切開なのでしばらく保育器で育てること、妻も問題なくすぐに手術室から出てくることなどの説明を受けた。マヤは保育器の中で右頬を下にして片腕に小さな札を付けてもらってすやすやと眠っていた。拳を軽く握っていた。

幸せとはこのことかと思った。この瞬間よりすばらしい時は以前にはなかったし、この先も絶対有り得ないと思った。マヤに感謝した。妻にも一刻も早く感謝の気持ちを伝えたいと思った。「マヤ」ともう一度囁いて、夜が明けたら、すぐに会いに来ることを約束した。

妻の無事を確認し、彼女に感謝して家路についた。途中、妻の両親へ電話で朗報を入れた。公衆電話の向こうで母親の声が弾んだ。

真冬の小雨の夜だったが、とても爽やかだった。見知らぬタクシーの運転手さんにも報告し、「人生で最もうれしい日」を宣言し、チップを弾んだ。

異国での子育てと仕事と勉強

病院で二週間を過ごしたマヤと妻は、「灰皿用貝殻」がある借家へ帰ってきた。帝王切開の回復が少し不調で入院が長引き、帰宅後も妻は無理をできない状態だった。

マヤは、「順調」の一言だったが初めての子どもで、何をするにも慎重になった。異国での生活が子育てを特に困難にしたとは思わなかったが、相談できるのは妻だけで、彼女にとっても初めての体験だった。

誕生後の最初の三カ月が大変だった。

職場のウェザビー・ハイ・スクールのスタッフは、何に関しても理解があったが、仕事に就いて四カ月以上過ぎていたので仕事はしっかりできて当たり前だった。そこで、マヤが生まれた翌日に病院を覗き、午前中に出勤したら、「何で仕事に出てきた？　すぐ帰って家族と過ごせ」とベリー先生夫妻にお叱りを受けた。制度上休みが取れたかどうか考えてもみなかったが、ベリー先生は、「こんな時は仕事より家族」「仕事は職場の他のスタッフに任せておけ」という感じだった。

職場に完全復帰した後、一週間に一日のカレッジの勉強も学習量が多くなった。数学は宿題がかなり多く出たし、化学と物理学は毎週実験し、レポート提出があった。

夕食後、洗濯や細々した家事を終え、マヤの哺乳瓶を洗って消毒液につけると夜の一〇時頃になった。哺乳瓶の衛生管理が重大事だった。乳首は教わった通りに洗った後、さらに塩でザラザラと洗った。消毒液を入れたプラスチック容器に洗浄した瓶と乳首を沈める時は、空気が入って消毒効果が落ちないよう、何度も沈め直した。母親が飛騨のあの家で自分を含めて五人の子どもを育て上げた苦労を思いやった。また、兄のひとりがジフテリアで二歳で亡くなったことも脳裏をかすめた。

家事が一段落し、一二時頃までカレッジの実験レポートを書いて床につくと、一時か二時頃マヤが泣き出し、授乳したりあやしたりしていると夜がすぐに明けた。

忙しいとか疲れたと言っているわけにはいかなかった。

職場では、実験器具と薬品の注文、水溶液や試薬の準備、生徒人数分の実験セットの準備、実験後の片付け、実験室七つの整理整頓、飼育動物の世話、実験機器の修理、化学実験器具の洗浄と片付け、午前と午後の紅茶入れ、それに木製の実験台の上のワックスがけ。

実験は基本的に個人個人が行った。中学生の光合成の実験を例に取ると、「小さな鉢に植えた植物、アルミ箔、ラップ、クリップ、葉を茹でるビーカー、三脚、ガスバーナー、金網、脱色用にアルコール、ヨウ素溶液」を一セットにし、トレイに載せて生徒の人数分用意した。日本の「仕出し屋」の料理を思い出した。

高校生の生物学授業用には、生きた大きな白ネズミを生徒の人数分注文し、麻酔で眠らせ解剖の教材にした。各自が何日間もかけて解剖するので、授業が終わった後には解剖途中のネズミを一匹一匹丁寧に冷蔵庫にしまい、次回の実験に備えた。

私のカレッジの勉強は、レベル的には実業高校と大差はなかったが、こちらも個別実験が基本で最初からレポート提出まで他人に頼ることはできなかった。また、一日に長時間の集中授業は、精神的のみならず肉体的にも疲れた。授業が終盤になる夜の八時から九時になると、私のノートを取る右手が麻痺してしまい、手からボールペンが飛び去って級友を笑わせた。

こんな日々だったが、帰宅しマヤを両腕で抱くと疲れは吹き飛んだ。快い娘の重量感は、生活の満足感であり、生きていく自信の源泉であり、体に染み入る幸福感そのものだった。飛騨の母親にもこの幸せを伝えたいといつも思った。金星を「明の明星」「宵の明星」と朝夕拝んでいた母親に。マヤと妻と物理学。哺乳瓶を洗いながら自分にはすべてが備わっていると思った。

娘のマヤを抱く著者。マヤ生後数週間

一九七六年の春が来た頃、申し込んでいた「ハウジング・アソシエーション」（非営利の住宅供給組織）の建物を借りることができた。「ハウジング・アソシエーション」は、政府の財政援助を受けて安い家賃で住宅を提供している。イギリスの新築賃貸住宅の主要な供給組織で、イングランドのみで約一二〇〇のアソシエーションが存在する。借りた物件は、鉄筋コンクリート建てで綺麗に内装が施されていた。周りには芝生の空間もあり、家賃も手ごろだった。三階建ての二階を借りた。

カーペットは、妻の両親が退職後に北アイルランドから引き揚げて来た時、不要となったものをゆずってもらった。ベッドは妻の弟夫婦が要らなくなったのをくれた。白い大きな食卓テーブルと椅子は、妻の叔父叔母夫婦からもらった。

洗濯機は中古を、冷蔵庫は新品の小さいのを買い、中古のタンスも一つ買った。テレビはソニーのトリニトロンの小型をリース契約した。マヤのベッドと木製のベビーサークル（室内で幼児を囲う柵）は中古を買い、エルドリンが白いペンキで綺麗に塗り直した。食事の際にマヤが座る幼児用椅子は新品で安定性があり、クッションの分厚い一番良いのを買った。マヤを乗せて外出するベビーカーも新品だった。おもちゃは数少なかったが新品で、収納箱はダンボール箱を綺麗な模様のビニールで覆い、私が作った。

部屋のカーテンは、名古屋の宿舎で寝室の洋服ハンガーが見えないよう周りに掛けていたオレンジ色の布を使って妻が作った。壁の一面には、全税関組合員や友達の寄せ書きの布を「アート」として掛けた。

イギリスの仮の宿もここまで来ると幸せに満ちていた。

中古品で多くを賄った生活だったが、不自由とも惨めとも恥ずかしいとも思わなかった。イギリスでは、私たちが利用したような中古品を売買する店や、中古品の寄贈を受けてほしい人々に仲介する地方自治体の機関もある。近年は、インターネット上で新品・中古品をオークションにかけるeBay（イーベイ）とはまったく異なる、インターネットを活用して中古・不要品を交換し合う組織も活発な活動をしている。

そんな中で唯一つ、何が何でも最高の品をマヤに与えるぞと決めていたのは粉ミルクだった。母親の免疫が娘に母乳から伝わる程度までは、妻の授乳が可能だったが、医者の判断でミルクに切り替えた。粉ミルクは、「SMA Gold」という銘柄だった。「マザーケアー」という最大手の店で買った。店には、それより安い粉ミルクも何種類か置いてあった。世の中に、「SMA Gold」を本当は買いたいのに、経済的に買えない母親がいると思うと、買い物のたびに胸が痛くなった。

イギリス英語と階級社会

イギリスで働きながらカレッジで学んだことを考えると、自分はそれなりに英語を使ってきたわけだが、自分は英語が下手だと、いつも劣等感を抱いていた。日本語だったら何の不自由もなく説明できる事柄が、英語でうまく表現できずに悔しい思いをすることが多かった。言われた内容が正確に理解できないと適切な反応ができず、自分が半人前のようで惨めになる。

ある日、近所の児童が私に、「チャイニーズ・ジャパニーズ・ダーティーニーズ」と、はしゃぎながら声をかけた。「ダーティーニーズ」は、どこの国の人間で、私との関係は何かと疑問に思いながらも笑顔で通り過ぎた。帰宅して妻に尋ねると、「ダーティーニーズ」は、"dirty knees"で、「汚い・不潔な膝」の意味だった。語尾の「ニーズ」の音を合わせた言葉遊びだったが、「中国人や日本人は汚い膝をしている」の意味になった。アジア人への偏見を聞いて笑顔で通り過ぎた自分の姿が情けなく、悔しかった。

しかし、英語への関心は苦手であるがゆえに深まり、英語とイギリスの階級社会との関係も意識するようになった。

最初に階級社会を意識したのは、義理の両親やエルドリンとパブへ行った時だった。多くの場合、一軒のパブが内部で二分されていた。「Lounge」と「Tap Room」に分かれていて、義理の親はいつも「Lounge」へ私たちを誘い入れた。後者は通常、労働者階級の人々が入る。同じビールが出されるが、「Tap Room」の方は料金がわずかに安く、中流階級対象のラウンジとは雰囲気が異なっていた。

階級による用語の相違は日常生活で目につく。学校の先生を「Teacher」と呼ぶ階級より「Master（男性）」と呼ぶ階級の方が一般的に言って上である。何かを聞き損って「何ですか?」と尋ねる際に、「Pardon?」より「What?」の方が上で、便箋は「Note-paper」より「Writing-paper」が上。鏡は、「Mirror」より「Looking-glass」が、墓地は、「Cemetery」より

「Graveyard」が、食後のデザートは、「Sweet」より「Pudding」が、階級が上になるほど多く使われがちである。また、「死亡する」に、私は上品な表現と思って、「pass away」や「pass on」を使っていた。しかし、ずばり表現する「die」が上の階級では使われがちと知って、驚いた。考えてみれば、前述の「What?」もずばり率直である。

私は、階級との関係など知らずに、便所は、「toilet」ではなく「lavatory」を、食事時のナプキンは、「serviette」ではなく「napkin」を使っていた。きっと、「英語の下手な日本人が気取って」と思ったイギリス人が周りにいたことと思う。

使う英語、特に話す英語によって、その人の出身地方・階級・教育レベル・職業柄などがすぐわかると言われるのがイギリスだが、階級によって用語が異なると誤解も生じかねない。

ある日、職場で農業・畜産担当のテクニシャンと午前一一時半頃話をしていた。彼が「dinnerはいつも何時頃？」と私に聞いたので、「通常七時頃」と答えたら、おかしな返事だと言わんばかりに眉をひそめた。私は、「dinner」を夕飯と受け取って七時頃と答えた。しかし、彼の怪訝な顔で、階級によっては、昼食を「dinner」と呼ぶ事実に気づいた。私の場合は、昼食は「lunch」だった。

夕食を「お茶」と同じ単語の「tea」を使って呼ぶ人々もいる。後年の出来事だが、日本人学生が近くにホームステイしていてトラブルが起きた。「tea」の用法が原因だった。ホストは、毎日毎日心を込めて夕飯を作って誘うのに、学生は「ノー」と言って外から何かを買って来て部屋で食べていると不満を述べた。日本人学生は、「料金を払っているのに夕飯を出すことがなく、お腹がすいている夕方になってもお茶しか勧めない」と怒っていた。ホストは、夕飯を「tea」と呼んでいたのである。

言葉は階級によって異なるが、中流階級と労働者階級の関係は、上下・優劣関係で見るべきでは決してない。英国社会の美徳の一つに、フェア（公平な）があるが、日常生活の不公平な出来事に義憤を感じ、公平さを主張する労働者階級の若者に会うことがよくある。

ある日、私は、ラウンジとタップ・ルームの区別がないパブへ入った。カウンターの前でビールを注文しようとしたが、店員に無視されていた。私が目に入らないはずはなかったが、店員は私の左右や後ろの人間の注文を次から次と取っていた。そこへまた、私の背後に立派な背広姿の男が二人現れてビールを注文した。その瞬間、「彼が先だ」、と私に目線を投げながら店員と二人の男に毅然とした大きな声で言った男がいた。油で汚れた作業着姿の仕事帰りの若者だった。

イギリスの大衆紙と高級紙

ヨークシャーに住んでいる間、自分がどのように他人の目に映っているか過剰に意識した。当時は、ハロゲイトでもウェザビーでも、周りは圧倒的に白人だった。日本人に会ったのは、名古屋税関の後輩のＨ君と、「インターナショナル・ピープルズ・カレッジ」（ＩＰＣ）の学友で日本航空に勤務し始めたＹさんが、遊びに来てくれた時の二回のみだった。自分は、白人社会で目につきやすいという自意識を常に持っていた。

新聞一つ買うにも気を使った。全国紙の場合、「高級紙」と「大衆紙」があり、各紙の個性がきわめて強いので、購読紙はその人の所属階級、政治意識、教養、文化的趣向などを端的に反映するからだ。

妻の両親が取っていた全国紙は、「The Guardian」と「The Observer」（日曜新聞）だった。これらは「高級紙」に分類される代表的な新聞で、左派の代名詞的な存在でもあった。保守系の新聞は、「保守党新聞」とあだ名で呼ばれる「The Daily Telegraph」や体制派の「The Times」だった。

その新聞で、ある日失敗をした。日曜日の朝に、ちょっとした日用品と新聞を買って来るように妻に言われてスーパーへ行った。恥ずかしい話だが、多彩な日曜新聞があることに初めて気づいた。マヤも生後六カ月を過ぎ、異国生活がようやく軌道に乗って精神的に余裕が出て来た時期だったからだろう。「日本人は立ち読みをする」などと見られるのを避けるため、新聞をめくることさえなく、一番多く山積みされていて紙名がひときわ魅力的な、「The News of the World」

紙を買って家路へ急いだ。インターネットなどない時代で、日本のニュースに飢えていた。「世界のニュース」紙だから、何か日本に関する記事があるに違いないと胸がときめいた。

帰宅して新聞を読もうとした瞬間、妻が「なぜ？　信じられない」と、呆れ果てた表情で私の顔を見つめた。私が買って来た、「The News of the World」が大問題だった。紙面大半が、半裸の女性の写真とスキャンダル記事で占められていた。「世界のニュース」が載っていると思ったと説明して、どうにか「無罪」になった。今でもあの時の妻の冷たい視線は忘れられない。

この全国大衆紙購入「事件」以来、イギリスの新聞に関心を持ち続けた。各新聞の発行部数統計やその購読者層、政党・政治問題への対応、平和問題の取り扱いなどを比較した。驚くことに、イギリスでは、大衆紙の発行部数が高級紙のそれより桁違いに大きい。「高級紙」と表現されるが、特別に高級なわけではなく、日本の主要全国紙・ブロック紙と大差はない。しかし、調査報道における追及度・ジャーナリズム性・「第四の権力」意識などの点では高く評価されるべき内容を持ち、世界の論調をリードすることがある。

「大衆紙」は、「The Sun」紙の「Page Three Girls」に代表されるように、一面を開くと三ページにトップレスや半裸の女性が大きく載っているのが通常である。また、政治・社会問題を扱うものの、スキャンダル報道に重点を置いている。前述の「The News of the World」紙は、警察官へのワイロに加え、犯罪犠牲者やその家族・芸能人・政治家などの盗聴を長年大々的に行

イギリスの新聞:高級紙と大衆紙の発行部数(1976年当時)

	高級紙	大衆紙
日刊紙	The Daily Telegraph:131万 The Times:31万 The Guardian:31万 The Financial Times:17万 ――――――――――― 合計:210万部	The Sun:371万 The Daily Mirror:385万 The Daily Mail:176万 The Daily Express:259万 ―――――――――― 合計:1191万部
日曜新聞	The Sunday Times:138万 The Sunday Telegraph:76万 The Observer:67万 ――――――――――――――― 合計:281万部	The News of the World:514万 The Sunday Mirror:410万 The People:409万 The Sunday Express:345万 ――――――――――――――― 合計:1678万部

い、多数の逮捕者を出した。その結果、一八四三年創刊でイギリス最大の発行部数を誇ったこの日曜大衆紙は、二〇一一年に廃刊に追い込まれた。

マヤが生まれた一九七六年のイギリスの主要全国紙の発行部数の概数は上の表の通りである。

ハロゲイトに住んでいた当時もその後も、大衆紙を買ったのはきわめて稀だった。読んでいる自分を想像するだけで恥ずかしい。ごくたまに、「広島と長崎の式典」「日本軍の英国人捕虜の扱い」「終戦記念日」「捕鯨問題」などで、日本に関する報道について、紙面の比較のために購読する程度だった。しかし、ハロゲイト滞在のずっと後のことだが、大衆紙の一紙をとても誇りに思ったことがあった。きわめてイギリス的な出来事でもあった。

その日、二〇〇三年二月一五日、私はイラク反戦デモに参加し、一〇〇万人のひとりとしてロンドンを行進していた。「イラク攻撃反対」と日本語で敷布一枚に書き、横断幕のように娘や妻や知人と掲げて、人間とプラカードの海の一滴となって移動した。その時、多くの人々が手にしていたのが、大きな字で「NO WAR」と書かれたプラカードだった（二一七ページ参照）。商業新聞で大衆紙の「The Daily Mirror」が反戦論議を長期にわたって張り、史上最大のロンドン反戦デモ用に何千本ものプラカードを作ったのだった。

イギリスの新聞は、政党・政策・立法などに関して、新聞社の態度を明確にする場合がある。トニー・ブレアを党首として労働党が一九九七年の総選挙に臨んだ際に、「The Sun」紙は、ブレア支持を明確にした。「THE SUN BACKS BLAIR」と一面全体を使って大きく書いた。この新聞の表明が、労働党の地すべり的大勝利につながったと言われる。同紙は、二〇〇九年九月には、「労働党はもう『The Sun』の支持を失った」と、一面で表明した。その翌年の総選挙で労働党は大きく後退し、保守党のキャメロンを首相とする自由民主党との連立政権が誕生した。

イギリスか日本か

すべてが順調に進んだ。一九七六年の夏は、英国の観測史上で最も暑い夏になり、各地で三〇度を超える日々が続いていた。日本と比べれば大した暑さではないのだが、八月でも朝夕は時折暖房を入れる国では異常な猛暑だった。

ベビーカーに花模様のパラソルを付けてマヤを公園に連れて行くのが週末の楽しみだった。その年は、アメリカの独立宣言二〇〇周年にあたり、街の各地にカラフルなディスプレイがたなびいていた。「独立」を祝ったのではなく、その後のアメリカとイギリスの親善関係を祝っているのだと思った。

カレッジの勉強も初学年が無事終わり、仕事にも慣れてきた。この頃イギリス社会の良い面を考えさせられた。当然、受入れ難い面もあったが。

まず、人種差別は日本同様にあるが、それでも、「公平さ」を求めようとする人々に会うことが多かった。例えば、リーズ市が高校のテクニシャンの中から「シニア」を選び昇格させる制度を作った時は、外国人である私が選ばれた。学歴でも勤務年数でも同僚のルースが上だったし、年齢・勤続年数などから考えると木工・金属加工を担当していたＪが妥当だった。しかし、国籍にかかわらず、「仕事」上の実績を評価の対象にしてくれた。

また、イギリスは、「やり直しがきく社会」「セカンド・チャンスが与えられる国」だと思った。カレッジの級友には、ヨーク市のチョコレート工場に勤務していた生徒が多かった。この会社は、日本でも販売されている「キットカット」の製造で知られる一流企業だが、一六歳で義務教育を終えただけの若者も採用していた。

彼ら彼女らは、働きながら理科系の知識・技能を身に付ける第二のチャンスを与えられていた。定時制ではあったが、カレッジでは日本の高校レベル以上の実験もした。例えば、Ｘ線を使って

「フッ化リチウム」（LiF）という物質の内部構造を調べた。この結晶にX線を照射すると、結晶内を通過する時、X線が結晶構造を反映するパターンを生じる。それを写真に撮って解析し、結晶内で原子がどのように配列しているか調べた。

このコース終了後は、類似のパターンで仕事と勉強を並行して、大学卒同等の資格を取る道が開かれていた。一度や二度人生で間違った選択をしたり、つまずいてもやり直しができる道が何本もあった。社会的・経済的弱者を救済する道を作るのは、国家の責任との認識があったからだ。私と同様にテクニシャンとして勤務高校で働いていたルースも、職場を去ってこのような道を歩み、警察の鑑識課で活躍している。

このような社会にあって、質素だけれども幸せな生活を私たちは送っていた。何よりありがたくうれしかったのは、マヤが順調に大きくなっていたことだった。明るく元気で私たちの幸せのシンボルだった。しかし、一つだけ課題が残っていた。

妻と渡英して人生を出直す決定を名古屋で下した時、「一段落したらイギリスで大学進学」が、私の将来の計画としてあった。妻も理解していた。「やり直しがきく英国」「セカンド・チャンスが与えられる英国」が常に私の頭の中にあった。

私は、ロンドン大学で「物理学と哲学」か、ブラッドフォード大学で「平和学」を学びたいと考えていた。カレッジの学部長は、「科学または工学関係だったらどこの大学にでも入れる」と、言ってくれた。しかし、授業料免除の上、生活維持費を政府からもらうためには、カレッジ卒業後にあと一年間働かないと、私の場合資格が得られなかった。また、国からの生活維持費だけでは子育ては困難だった。

妻子に苦労をかけてまで自分の勉強はできなかった。冷静に考えると私たちにとって最も大切なのは、マヤであり、「マヤの人間としてのアイデンティティー」の確立だった。このままイギリスで過ごしたら、マヤは言語的・文化的にイギリス人になる。それはそれとしてすばらしいことだった。

一方、日本へ行って妻が英語でマヤに接し続けたら、マヤは、「バイリンガル」「バイカルチャー」になると考えた。娘の名前を「マヤ」にしたのは、世界のどこでも女性名として通じるからだった。

私たちは、マヤが、日本とかイギリスに限定されることなく「世界」で生きてくれることを願っていた。マヤの将来を親の考えで左右することに罪の意識を覚えたが日本への帰国を決定した。マヤが〝世界市民〟としてのアイデンティティーを確立してくれることを願っての選択だった。

渡英して二年半後の一九七七年秋に飛騨へ帰る計画を立てた。ハロゲイトで引き揚げ荷物の整理がほぼ終わった夜、空になった部屋で独り物思いにふけっていた。イギリス滞在は二年半と短かったが、その間に私は父親になり、高校で理科助手として勤めながらカレッジで資格も取った。

帰国直前にカレッジの学部長が推薦状を書いてくれた。将来イギリスで大学へ行くことになったらこれを出せと言って。ベリー先生と学校長も、日本で仕事を探す時にと、長い推薦状を書いてくれた。

Ⅳ
故郷・飛騨での英語塾経営

飛騨市古川町で経営していた英語塾のすぐ近くを流れる瀬戸川と酒蔵（撮影・中村英樹）

冬のセールスマン

お世話になったウェザビー・ハイ・スクールを去って、私は、一九七七年一〇月二二日に日本へ帰った。妻とマヤは、妻の両親のヨークシャーの家でしばらく滞在することにした。

羽田空港から岐阜県飛騨へ直行した。一時的に兄（次男）の家にお世話になる予定だった。その家は、飛騨高山から各駅停車で富山方面へ下って四駅目の「杉崎」の近くで、私の生家から徒歩で一分だった。この地で高校卒業まで生活し、その後、東京・名古屋・デンマーク・ヨークシャーと、各地をさまよった後で再び舞い戻ってきたのだった。

まずは仕事探し。新聞折込に目を通したが思ったほど仕事はなく、高山市の職業安定所を訪れた。「嵐が丘」の近くの「ジョブ・センター」を訪れた時の記憶が鮮明だったので、日本ではどんな対応を受けるか興味もあった。

どんな仕事でもする旨を伝えたら、給料の希望額を聞かれた。イギリスでの給与を日本円に換算したり、二七歳という年齢と妻子がいる事実を考え合わせて、「希望」だからと考えて多めに月額二〇万円くらいと言った。すると中年の係官は、「そんな仕事は飛騨にはありません」と一言口にして黙り込んでしまった。二〇万円に根拠があるわけでも固執するわけでもないと言い直したが、答えは、「ありませんね」の一言だった。

ヨークシャーでは、どこの馬の骨ともわからない、外国から流れ着いた自分にもう少し親身になって接してくれた。手助けする側にプロ意識があったのを感じた。世間に甘える気もなかったし、故郷で歓迎してもらえるとも期待していなかった。しかし、何か底冷えするものを感じた。

ある日、新聞を見ていたら、高山市の教材販売会社の求人広告が目に入った。さっそく面接に行くと、いわゆるセールスの仕事だった。有名出版社の百科事典や幼児家庭教育用教材の戸別訪問販売が仕事だった。

内心躊躇した。高校で「四当五落」と言われて頑張り、国家公務員試験に合格し、名古屋税関に六年間勤め、イギリスで二年半苦労した末がこれかと思った。生まれ故郷で家々を訪れて、「買ってください」と頭を下げて歩き回る自分の姿を想像すると、一瞬ため息が出た。

しかし、そんな風にこの仕事を受け止めるのは、セールスマンを見下す不遜な態度かと思い直し、仕事をもらうことにした。決め手となったのは、私を含めて四名のセールスマンを抱える社長のOさんの人柄だった。この人と一緒だったら多少の苦労は乗り越えられると、会った瞬間から思った。

日本へ帰って二週間と経たずに、私はセールスマンになった。

恥ずかしいなどと言っている暇はなかった。仕事をしっかりすれば給料がもらえ、マヤと妻を飛騨へ呼び寄せることができる。そのためには何でもする覚悟だった。自分はセールスマンになりきると腹をくくった。

飛騨の市町村のすべてを歩いた。合掌集落で有名な白川郷、一時期は鉱山で栄えた神岡町、乗鞍岳へ向かう国道一五八号線沿いの丹生川町《にゅうかわ》、奥飛騨温泉郷、女工哀史で有名になった野麦峠へ向かう高根町……。さすがに生家の残る古川町杉崎近辺には、会社への義理程度にまわった。

セールスは決して好きではなかったが、いろいろと勉強させてもらった。

アパートや会社の社員寮を訪れると、セールスマンとわかった瞬間に入口のドアを無言でバシャッと閉じられることがあった。大きな農家の薄暗い入口で「ごめんください」と一言挨拶すると、腰を曲げたお婆さんが土間の奥から出て来て私を見るなり、「兄！　兄！　来い！　来い！」と大声で叫んだ。すると三〇代の筋肉質の男が出て来て土間の真ん中で仁王立ちし、私を睨みつけて「出て行け！　お前、出て行け！」と怒鳴り出した。危険な「よそ者」と、平和な村の親子には思われたに違いなかった。冷え込む日には、鼻毛が凍結して呼吸のたびに鼻腔に触れた。時たま親切に「どうぞ」と誘われて玄関へ一歩入り戸を閉めると、メガネが曇って何も見えなくなり、寒暖の大きな差で鼻水が一気に出た。

朝から夜八時頃まで歩き回っても、教材を売るどころかトークさえできない日もあった。しかし、飛騨の地域性・文化を知るには良い勉強の機会となった。イギリスの作家で「動物農場」

「カタロニア讃歌」などを発表したジョージ・オーウェルをよく思い出した。彼は、英国北部の炭鉱町に一時期住み込んで、失業と貧困に苦しむ人々の実態を、歴史に残るルポルタージュ「ウィガン波止場への道」（一九三七年刊）にしたが、学ぶには自ら歩くことが大切と思った。

寒村の片隅で息子の将来に自分の夢をかけている父親や、孫の成長のみが生き甲斐の老夫婦にも出会った。売値が高いと自分では常に考えていた教材の値段を聞かれて答えると、「たったそれだけ？　全部で？」と言う母親もいれば、教材が良いからといって購入を勧めるのは罪なことだと思われてくる貧困家庭もあった。セールスは自分にとって給料をもらいながらできる「フィールド・リサーチ」だと思った。

セールスで一定の収入を確保できる自信がついたので、妻とマヤを呼び寄せた。一九七七年一二月一〇日羽田着予定だった。妻子が長旅で疲労困憊し万一体調不良でも、ヨーロッパの物なら口にできるだろうと考えて、カマンベールチーズを高山で捜し求めてジュースと一緒に持って行った。

エルドリンとマヤが到着ロビーから出て来た。二四時間以上の長旅と時差による疲れや、私が妹と一緒にいたせいか、マヤは私を見たものの無言だった。しかし、マヤをベビーカーに乗せてロビーから移動し始めたら、急に「ダダ」と一言静かに確かめるがごとく口にした。妻が、「イエス！　ダダ！」と言うと、「ダダ！　ダダ！」と私に微笑みかけた。

初めて聞いた娘の英語だった。それが、「おとうちゃん」であったのが無性にうれしかった。

「蒼い目のママさん先生」

妻子と合流した後、古川町杉崎の町営住宅に入居できるまで、兄の家の二階に一間を借りて住むことにした。また「仮の宿」へ戻る生活だった。

今回の「仮の宿」には、電気もありナメクジも出なかったが、床の間に琴が立て掛けてある和室で椅子もソファもない畳敷きだった。飛騨の冬で妻子は家に閉じこもりがちで、一間の生活に疲れるようになった。私は、セールスの仕事を一生懸命しても充実感は見出せなかった。そんな生活の中で、父が年末に亡くなった。父は、臨終のかなり前から私を息子として認知できるかどうか不明な状態だった。しかし、私が父に、「父ちゃんは立派な父親だった！」と息を引き取る際に言ったのは伝わったと思う。

一九七八年の新年を迎えた。マヤの二歳の誕生日（一月八日）が過ぎた頃、私は英語塾を開くことを具体的に考え始めた。

飛騨各地でセールスをすればするほど、英語塾が求められていると身で感じた。しかし、開設資本はなかったし、自分に教員資格や体験があるわけでもなかった。イギリスで物理や化学は学んだが、英文学や教育学を学んだ実績はなく、大卒でもなかった。加えて、古川町の面積は広いものの人口は一万六千数百人だった。塾で生計を立てている人は当時いなかった。

一方、妻のエルドリンは英語教師の資格と経歴を十分持っていた。アイルランドのトリニティ・カレッジ（ダブリン大学）で、英語・フランス語・哲学を学んだ後、イギリスへ渡りブリストル大学で教員資格を取っていた。その後、イギリスの学校やスウェーデンのゴッテンブルグ大学でも教えていた。

私は、教えた経験はなかったが、理想とする教師像は持っていた。日本でもイギリスでも、通信教育や夜間大学などで苦労して教員になった先生たちは、自分の授業に自信と情熱があった。また、苦学をした先生は、教科書に出てくるテーマを人生や社会、時には歴史や世界と関連づけて語る力を持っていた。そして何よりも、「学問は厳格に」「師弟関係は温かく」「授業は楽しく」だった。私の思い出の先生方を自分の目標とした。

私たちの英語教育についての考え方と経歴を書いた新聞折込広告を出した。教室は、ソロバン塾と役場の近くの一室を時間借りした。生徒が五名でも一〇名でも集まれば、日中はセールスを続け、夜間に英語教室を営もうと計画した。万一、三〇名とか四〇名と思いがけなく集まれば、将来の可能性に期待してセールス会社を辞めて塾に専念することにした。勤務会社の社長も、私のこの身勝手な段取りを快く了承してくれた。

生徒が皆無でも印刷と折込費用だけの損失と思って広告を出すと、二〜三日で六〇名前後の生徒が集まった。開講予定の三月には一二〇名くらい集まった。翌月には、地元の新聞『北飛ニュース』が、「蒼い目のママさん先生―夫婦でユニークな英語塾ひらく」なる見出しで、大きく報道してくれた。家族三人の写真入だった。「外人」を温かく受け入れてくれた『北飛ニュース』に感謝した。

セールス会社を辞めた。わずか四カ月間の勤務だったが、自分の足で歩き回り、自分の目で実際に見て、自分の頭で考え抜くことが、社会・教育・文化を論じる上で重要なことを身をもって体験した。

広報や納税の関係で、私塾の名前を決定しなければならなかった。「塾」と名称に入れるのは避けることにした。当時は、全国的には「乱塾時代」であり、塾は詰め込み教育の象徴でもあった。しかし名称はともかく、私の意気込みは、「私塾」でなければできない教育をすることにあった。一般の学校ではできない〝人間の教育〟をしたかった。飛騨北部に位置する小さなこの町で、世界と未来を見すえて生きる姿勢を若者の身につけさせたかった。

心の中では、「北飛村塾」が名称だった。私は、「北飛村塾の塾長」と自称したかったが、不遜な態度に思われたので一度として口にはしなかった。公称は、「ニュー・ゲイト・スクール・

オブ・イングリッシュ」にした。「新しい門から入る英語学校」の意味合いで、妻の提案だった。通称は単純に「中村英語教室」とした。

英語教室の説明会や保護者との話し合いの中で確認する事項が三点あった。

一つは、「来る者拒まず去る者追わず」だった。学力云々や性格や適性などで私たちは生徒を選ばないし、生徒・保護者側も英語教室が役に立たないと判断したり、嫌になったら、何の気兼ねもなく去ってください、が方針だった。

二つ目は、「いつどのような理由で止めていただいても結構ですが、私たちの方も生徒を止めさせる場合があります」だった。英語に限らず何かを教える側と教えられる側の間には、人間の強い信頼関係が不可欠と考えていた。その信頼関係が少しでも揺らげば、双方にとってその関係を絶つのがベストと考えた。

実際に生徒を止めさせる事例も出てきた。権限を乱用はしなかったが、感情的にある生徒を即「止めさせたい」と一瞬思ったこともあった。ある日、小学校五年生の女子生徒に注意したら、「あまり怒るなよ。食わせてやってるんだから!」と私に向かって言った。「食わせてやってる」は、親の台詞から覚えたのであろう。彼女に自身の発言がいかに不適切か話してやったが、あまりにも自然な彼女の言いぐさを思い出すとおかしくてならなかった。

最後の点は、生徒の親が経済的な困難に陥っても生徒の出席を継続させる合意だった。何らかの事情で月謝が払えなくなったら電話でその旨連絡を保護者からもらい、生徒の出席は無料で継続させることにした。その生徒がクラスで特別視されないよう、月末に月謝袋を配る際にはその生徒にも手渡し、後日、空の月謝袋を何も言わずに返却してもらう確認を取った。

「チガイマース！」

英語教室の経営は順調に進んだ。エルドリンは周りから「イギリスの先生」「英語の先生」と呼ばれ、地域社会で親しくしてもらっていた。マヤもいつの間にか日本語で不自由なく近所の子どもたちと遊ぶようになっていた。町営住宅に三年お世話になった後、その近くの山の麓に新居を構えた。

マヤは五歳になり、古川町営の保育園へ通い始めた。その後しばらくしたある日、マヤが意外なことを口走った。エルドリンと何か些細な口論を英語でしていて、「お母さんは外人やから仕方ないわ。ガイジン。ガイジーン」と急に日本語で言い返した。

私は胸が痛んだ。「マヤがガイジンと呼ばれていじめられたのだろうか」「エルドリンが誰かにそのように呼ばれるのを聞いて悲しく思ったのだろうか」「五歳からもう差別されるのか」「マヤは一生普通の日本人にはなれない」。マヤがかわいそうでならなかった。エルドリンはガイジン

エルドリンとマヤ。古川町立「鮎ノ瀬保育園」の運動会で（1981 年）

と呼ばれることには十分慣れていたし、「外人の先生」と、時には尊敬の念を込めて呼ばれることさえあった。

この出来事の後しばらくすると、マヤは気になる話をし出した。「保育園で母親の絵をクレヨンで描いた時に、髪の毛を茶色にしなければいけないのは私だけだった」「遠足にお母さんが作ってくれたサンドイッチを持って行ったら、なんでおにぎりでないのと、みんなが言った」。マヤは、「マヤちゃんハーフ!?　かわいいね！」と褒められるのも嫌いだった。褒められていると思い、「ハーフ」であるがゆえに差別されているのではないとわかっていても、大多数の人間と異なる「ハーフ」を指摘されるのが嫌だったのである。

こんな出来事の後に、エルドリンが英語を教室で教えていて気づいたことがあった。それは、日本語の「チガイマス」は、英語の「different（異なった）」と「wrong（間違っている。悪い）」の両方に使えるという点だった。英語では、例えば、「私の意見はあなたの意見とチガイマス」には、「different」を使い、「その割り算の答えはチガイマス」には、「wrong」を使う。

言われてみると、子どもに限らず、飛騨の村では酒など飲んでいて論争になると、「違う、違う」「お前は違うぞ」「そりゃー違うぞ」と言う。「俺とお前は意見が異なる」と言うと同時に、「お前が間違っている。悪い」と、「チガウ」の一語を使って表現するのである。

「チガイマース」には、保育園や小学校の授業参観にエルドリンと行った際にも遭遇した。先生が計算問題を黒板に書き出し、ひとりの生徒が黒板の前へ行って答えを書いた。その瞬間に、「チガイマース」の大合唱が起きた。エルドリンがその瞬間に感じたのは、「答えを書いた生徒は恥ずかしい思いをしているだろう。かわいそうに」だった。しかし、先生は、児童の反応を活発な学習態度と受け止め、喜んでいるようだった。イギリスだったら、ひとりの児童が正しくない答えを黒板に書いたら、先生は、「うーん、そーですかー。誰か他の意見ない？」と呼びかける。そして、挙手した中で誰かを指名して意見を言わせる。

「チガイマース」は、日本の教育と社会の一面を映し出していると思った。「異なることは間違いで悪い」「他人と異なると批判される」「みんなと一緒が一番」「周りと同じであれば安泰」「大勢に合わせる」「世の中には逆らわない」。エルドリンと私は、人間と人間の相違をお互いに尊重して認め合い、個性を価値あるものと考えて伸ばしていく教育を理想としていた。

ヨーロッパであれば、他人と異なるのは決して特別なことではない。例えば、国際結婚の事例がどこにでも見当たるし、歴史を遡ると国際結婚の概念もあまり意味を持たなくなる。民族が大移動し人種がミックスされてきたからだ。ところが、日本は良し悪しとは関係なく状況が異なる。それを十分承知で私はイギリス人と結婚しマヤをつくった。時には、罪の意識を感じるのを禁じ得なかった。

しかし、この「チガイマース」問題は、これ以上私たちの生活の中で深刻化しなかった。エルドリンは、個性を育てるという点では日本の教育に疑問を持っていたが、日本の教育の良い面も評価していた。子どもが協力し合って行う清掃や給食の配膳は、イギリスでは見かけることができない。また、学校間の教育レベルの格差が少なく、どこにいても一定の品質の教育が受けられる。

何よりもうれしかったのは、マヤがこの問題で深く悩む姿を見せなかったことである。彼女は力強く育っていった。

反「体罰」運動

マヤは保育園に一年間通った。マヤにはマヤの苦労があっただろうが、幸い順調に地域社会・

小学校生活にも慣れていった。

マヤは、水色の半ズボン・白い半袖シャツ・赤い長靴・黄色い雨傘を差しながら大きなランドセルを背負って帰って来る。何か独り言を呟きながら。きっと動物か、イギリスの祖母か、絵本の登場人物に、マヤ自作の「ストーリー」を語りかけているのだろう。村のどこかのおばあちゃんやおじいちゃんと畑のそばで立ち話をしている。これ以上の幸せな光景が考えられるだろうか。これ以上子どもに何かを望むことがあろうか。

こんな幸せを大切にしたいと願っていたが、マヤが小学校の中学年になった頃、私たちのささやかな願いに影が差し始めた。日本各地で問題化していた体罰が岐阜県や地元の中学校でも日常の風景として浮上しつつあった。

「異常」と最初に受け止めたのは部活動だった。特に運動部関係の、土日の練習と夕刻までの連日の練習に加えて、授業前の「朝練」があり、昼休みも練習するという。長時間であればあるほど効果が出るかのごとくの考えがあった。加えて、部員を殴ったり蹴ったりする教師は、生徒のために厳しさを追求する教育熱心な先生だと、多くの親や生徒から尊敬さえされていた。暴力・恐怖で維持される子弟間の「動物的狎れ合い」を「人間の信頼関係」と錯覚する状況に陥っていると思われた。

部活動での暴行は、教室へも持ち込まれた。些細な出来事で生徒が殴り飛ばされる。殴られて鼻血を出した上、殴られた勢いで壁に頭をぶつけて切り傷を負う。また体罰の名目で、陰湿な行為が教室内で起きる。ある小学校では中年の教員が、十円玉を二つ使って懲罰として女子生徒の首筋の髪を引き抜くことで知られていた。二枚のコインで髪の毛を挟み、毛抜きのように使って引き抜くとのことだった。娘を持つ男性教員の行いだった。

岐阜県では、「児童・生徒の四人に三人が体罰経験」「高校教師の過半数が体罰はやむを得ないと考え、とくに二〇代の若い教師は八割以上が認めている」「生徒も慣れの傾向」などの調査報告が教職員組合によって行われていた。

悲惨な事件も起きた。

一九八五年三月、岐阜県立中津商業高校二年生の女子生徒が自殺した。ヤリ投げの選手だったが陸上部顧問の暴力・しごきに耐えかねての自殺だった。

遺書には、「お父さん――お母さん――私はつかれました。もうこれ以上に逃げ道はありません。なんで他の子は楽しいクラブなのに私はこんなに苦しまなくちゃいけないの　たたかれるのももうイヤ　泣くのももうイヤ――私どうしたらいいのかナ　だから　もうこの世にいたくないの　ゴメンネ　お父さん　お母さん――　私――本当につかれたの――　もう――ダメなの……」と書かれていたそうだ。（衆議院地方行政委員会・一九八五年五月三一日議事録）

一九八五年五月には、岐阜県立岐陽高校二年生の男子生徒が殺された。修学旅行先の宿で引率教師に頭を殴られ体を蹴り上げられる暴行を受けた結果ショック死した。持ち込みが禁止されていたヘアドライヤーを持参したのが教師から暴行を受けた理由だった。

私は、教師の体罰とたたかう決意をした。

英語教室に通う中学生の一部（一五〇人）から、一九八五年六月にアンケートを採った。体罰の具体例も生徒に書いてもらった。

アンケート結果は、たたく・殴る・蹴るなどの「一般的」な体罰が横行している状況を明らかに示していた。加えて、「男女生徒の前で男子生徒が教壇でズボンを下げられ、その場面を教師がビデオに収録した」や、教師が「十手を持ち歩いていてそれでたたく」など、異常な事例も含まれていた。

調査結果を受けて、「たとえ教育の手段としても暴力は許されない」「人間はたたかれなくても物事を理解できる」「体罰は、学校教育法第一一条で禁止されている」などの点を塾生に話し、「君たちは話せばわかるだろう」と、生徒に語りかけた。

塾生の一部は学校で暴力教師に抗議をした。生徒の話によると、教師の反応は、「一一条には罰則がないぞ」だったそうだ。表に出せば、「塾つぶし」の圧力がかかると思ったが、仮に、「塾つぶし」などの攻撃を受けたとしても、たたかうべきと、エルドリンも言った。「体罰反対の意思表示は教育に関わる人間の義務」「無視は教育者失格だ」と、私たちは考えた。また、親の体

エルドリンとマヤ。飛騨の山中で

罰反対運動で、万が一、マヤが「いじめ」や「嫌がらせ」を地域で受けたら、彼女には、「お母さんやお父さんの行っていることは、正しいことなのだ」と、説明しようと思っていた。そうすれば、マヤは絶対理解してくれると信じていた。

一九八五年七月三日にアンケート結果を含めて、全国紙のA新聞が大きく報道してくれた。生徒が通う中学校へも出かけて行き、学校の幹部にも会って私の考えを十分伝えた。

塾への攻撃を覚悟し、なかば生活をかけた私の体罰反対運動がどれほど効果があったか定かではなかった。街中で出会った際に陰でこっそり御礼を口にする母親も数人いたが、「私も体罰には反対です。一緒に体罰に反対しましょう」という声は私にかかってこなかった。また、「もう少し詳しく状況を聞かせてください」と関心を示す人も、「学校の先生は校内の実態を知っているのでしょうか。それとも知らないから何もしないのでしょうか」と考える姿勢の人もいなかった。逆に、私に堂々と自分の意見を述べて、体罰を肯定する人もいなかった。問題意識のある教師と父母に声をかけて「教育を語る会」でも話し合いを試みたが、集まったのは会の常連中心の一〇名程度で、一時間ほどの対話で終わった。

地域社会のきわめて限られた反応は、私たちに体罰とは別の問題意識――「世の中の人々は自分に直接関係のないことには、これほど無関心なのだろうか」――を、抱かせた。

しかし、数カ月すると、陰ではいろいろな声が上がっているのを人伝えに聞いた。「何で中村が口出しをする」「中村は中学校に関係ない」「中村の娘がたたかれもしないのに、なんであいつが」。さらに一年後には、「中村は中学校を訪れて謝罪した」との「嘘」が地域の教員の間で広まっていたことを知った。

私は、状況をどのように考えればよいのか困惑した。「学校幹部が、嘘で体罰批判をかわそうとしたのか」「世間はその嘘を信じたのか」。私は、怒りを感じ悲しみに包まれた。

さようなら体罰・日の丸・飛騨

体罰に抗議し地元で自分なりにたたかい始めた頃は、岐阜県に限らず体罰・管理教育の弊害が顕著になり、同時に、日本の政治・社会が次第に右傾化するのが多くの人々の目に明らかになった時代だった。

私が体罰に関する調査を行って、それについてA新聞が取り上げてくれた一九八五年の夏には、文部省（当時）が「日の丸掲揚、君が代斉唱を小、中、高校の入学・卒業式で徹底せよ」という通達を戦後初めて出した。

これに先立ち一九八一年には、「シーレーン一〇〇〇海里防衛構想」が打ち出され、八二年には陸上自衛隊と米軍の共同指揮所訓練が初めて実施された。翌八三年には日本政府が対米軍事技術供与の途を開くことを決定。防衛費は、八四年に対GNP比で〇・九九％を超え一％枠突破が迫りつつあった。そんな中で一九八五年八月一五日には、当時の中曽根首相が靖国神社を公式参拝した。文部省の「日の丸・君が代」通達もこのような政治・社会的背景があり、中曽根首相が提唱する「戦後政治の総決算」は、日本のどこに住んでいても無視できない大きな問題だった。私は、まだ小学校の半ばであるマヤの将来を考えると避けて通れない緊急の課題として受け止めた。

飛驒地方の数人の教員や問題意識を持つ親たちと「日の丸・君が代」問題を話し合える機会はあったがきわめて限られていた。また、体罰問題同様、それに対処し解決策を見出そうとする社会運動が生まれる気配は残念ながら見当たらなかった。

「日の丸・君が代」問題で気になったのは、新聞などで報道される掲揚・斉唱賛成者の論議には粗雑なものが多い点だった。

「日本人なんだから国旗を掲揚し、国歌を斉唱するのは当たり前」「外国では、教室に国旗があり、生徒は行事のたびに国歌を斉唱しています」「どこの国にも国旗、国歌がある。国際的に日本人を意識するのは日本国をシンボライズした日の丸であり、君が代である」「映画館で国歌が流れた時、立たずにいたら殴られかねない、そういう問題です」……。

これらの意見は、問題を正確に把握していない。国旗を掲揚し国歌を斉唱することの当否を「一般的」に論議しているのではない。「教育現場」で日の丸・君が代を「権力によって強制する」意味合いを問題にしているのである。

推進者が言う「外国」はどこか。世界の七つの海を支配した英国でさえ教室には国旗など置かない。アメリカのみが外国ではない。日の丸や君が代で日本人を意識するとは、感性が鈍り知的・文化的に衰弱した話である。

私は、イギリスやデンマークのすばらしさを垣間見て来ていたが、同時に、国家としての日本、日本文化、日本人のすばらしさも十分認識し肌身で感じていた。私自身は、一般的な日本人以上に当時も今も愛国的だと思う。しかし、日の丸や君が代を強制して愛国心を養う発想には賛同できない。愛国心に限らず、郷土愛や愛校・愛社精神などは象徴を通して教えるものではない。自然と生まれるのが本物の愛である。国民の愛国心を育てるには国民が愛する国家を建設することである。象徴によって国民を操作しても、「われ死するところに祖国よみがえる」のようなレジスタンスの祖国愛は生まれないだろう。

私は、一九八六年五月にデンマークのＩＰＣ留学生を対象に諸外国の学校における国旗・国歌の取り扱いについてリサーチを行った。

アンケート用紙を作成してＩＰＣへ送ったら二六名が回答してくれた。在校生が少ない時期で限られた回答数であったが、回答と丁寧なコメントを分析すると各国事情が浮き彫りになった。

ＩＰＣ滞在中の学生に、彼らが自国で児童・生徒だった当時の体験について質問した。「国旗掲揚」と「国歌斉唱」を分け、さらに小学校と中学校での体験を分けて回答してもらった。

小学校と中学校の両方の式典で国旗が掲揚されたと答えた者は、アメリカ人・韓国人・フィリピン人・コロンビア人。

小学校または中学校のどちらかの式典での掲揚は、デンマーク人・スイス人・西ドイツ人・南アフリカ人・ウガンダ人。デンマークの場合は地域差・学校差が大きく、小、中学校の両方で掲揚が多数。

学校での国旗掲揚は一切なかったと答えたのは、イギリス人・カナダ人・スウェーデン人・インド人だった。

国歌に関しては、小学校と中学校で斉唱したと回答したのは、韓国人・フィリピン人・コロンビア人・デンマーク人・インド人・ウガンダ人。このうち、入学・卒業式の式典での斉唱は、韓国とフィリピン。コロンビアは、国が指定した日。その他三国の斉唱の機会は、「学校の式典」ではなく、デンマークでは、「音楽の時間」や「保護者会」や「特別なイベント」の際。また、斉唱した体験が一切ないデンマーク人も多く、デンマークは地域差と学校差がきわめて大。「毎週の全校集会」と答えたのはインド人。

国歌を小学校の入学・卒業式では斉唱したが中学校では斉唱しなかったのが、南アフリカ人。学校での国歌斉唱経験が皆無だったのが、約半数のデンマーク人回答者・イギリス人・カナダ人・西ドイツ人・スウェーデン人・スイス人・アメリカ人だった。

国旗・国歌の取り扱いは千差万別で、その国・地方の歴史、民族構成、対外関係、政体、政権党などが複雑に影響し合っていた。

複雑な状況は現在でも同じである。例えば、二〇一一年七月九日には、南スーダンでは五〇年以上の内戦の末、国民が新国旗で建国を祝った。自然な掲揚であろう。一九八三年から二〇〇五年の内戦の間だけで、二〇〇万人前後が死亡している。まったく同じ日に、北アイルランドでは、イギリス本国帰属を主張するプロテスタントの準軍事組織が独立派のカトリック教会の周辺に掲げたイギリス国旗と準軍事組織の旗を、警官が降ろした。警察が政治的挑発と判断したのであろう。これが原因で若者が暴徒化し火炎瓶で路上のバスや乗用車に焼き討ちをかけた。多数派のプロテスタントが少数派を抑圧し政治的に挑発するのに国旗が使われた例である。

飛騨からヨークへ移住する旅立ちの日のエルドリン（中央のコート姿）とマヤ（エルドリンのそば）。飛騨古川駅の見送りで

私は、体罰や「日の丸・君が代」問題、管理教育の弊害などを地域で話し合い、状況を変革しようと数年試みたが、限界を感じるようになった。そして、「この土地でこれ以上マヤを育てるのは、教育上良くない」「マヤを中学校へは出せない」と、エルドリンと私は確信するようになった。しかし、家族で暮らし、マヤを育んでくれた飛騨の自然は大好きだった。また、出会った人たちの中にはすばらしい人々がとても多かった。自分の家族だけがより良い教育を求めて地域を去ることに後ろめたさがあった。娘の従兄弟たちは地元の中学校へ進学する。自分は「身勝手」「利己的」なのかと自問自答した。

しかし、どのような犠牲を払ってでも、暴力が横行する学校へ出さないのが妻と私の親としての義務だと考えた。悩んだ末に、娘が小学校を卒業した時点で、イギリスへ渡ることを決意した。娘の学校は、ヨーク市にクエーカー教徒が一八二三年に創立した「ブーザム・スクール」(Bootham School)に決めた。

私は英語教室の残務処理があったので、妻とマヤを先に送り出すことにした。二人は一〇年三カ月住んだ飛騨に別れを告げ、一九八八年三月三一日に日本を去った。

V
ブラッドフォード大学「平和学」部

ヨーク市鉄道駅

ローマ軍団の都市・バイキングの村

先にイギリスに着いていた妻子は、ヨーク市で住居探しも無事終え、私は一九八八年九月初旬、五カ月ぶりに家族と合流した。

マヤは予定通り市内の学校に通い、私は、長年の夢であった「ブラッドフォード大学平和学部」へ進学することにした。妻はパートの仕事を考えたが、主眼は「嵐が丘」近くの独り住まいの母親の身の回りの世話だった。私もそれが一番と考えていた。日本滞在中、妻にも義母にも何かと不自由な思いをさせたので。

ヨーク市を居住地として選んだ理由は、「マヤの通学」「私のブラッドフォード大学への通学」「義母の家までの距離」の三条件を考えると、最善の位置だったからだ。このような具合で、一九八八年秋は、私たち家族のそれぞれにとって、新しい人生の旅立ちとなった。

ヨーク市は、家族で最初に住んだハロゲイトの町や勤務地だったウェザビーと大きく異なっていた。

「ヨークの歴史はイングランドの歴史である」(The history of York is the history of England) と言ったのは、英国王・ジョージ六世（一八九五〜一九五二）であるが、ヨーク市には、ローマ

大学院時代を過ごしその後勤務していたブラッドフォード大学の Richmond Building

ヨーク市 Haxby の自宅（右から２軒目）

からの軍団が西暦七一年に駐屯地を築いて以来の歴史が、今日においても日常生活で目につく形で残っている。

ヨークは、ロンドンとイングランド北東のニューキャッスルを結ぶ線上に位置する。鉄道では、「ハリー・ポッター」で近年日本でも有名になったロンドンの「キングス・クロス駅」から、直行で一時間五〇分である。ヨークから一時間北上するとニューキャッスルで、鉄道はスコットランドへとつながっている。

ヨークを都市へと発展させたのは、ローマ人だった。ローマ軍はイングランドへ侵攻すると道路網を整備した。ロンドンから北上する兵站道路はヨークを目指し、ヨークに主要駐屯地を造ったのが七一年だった。その道路はヨークからさらに北上して、「ハドリアヌスの長城」（Hadrian's Wall）まで延びた。この長城はスコットランドからケルト人がイングランドへ侵攻するのを防ぐ防衛線として、一二二年から築き始められた。

「ローマン・ロード」と呼ばれる道路網と、現在の主要道路（A1やA59）とは部分的に重なる。また、市の中心部に現存する道路のいくつかはやはりローマ人が作ったものである。私たちヨーク市民や観光客は、二〇〇〇年近く前に作られた道の上を車で走ったり歩いたりしているのである。

市内には他に、ローマ人が三世紀に投石武器の設置台として造った石造りの塔や、駐屯本部

ローマ軍団が築いた「ハドリアヌスの長城」

要塞内の「大ホール」を支えていた石造支柱、さらには、コンスタンティヌスが三〇六年に皇帝に即位した場所など、多くの史跡が観光客の目に触れる形で残っている。

ヨークを築き当時の都市の一つにしたローマ軍団は、ヨークやイングランド全土から四一〇年頃には撤退した。北イタリアの防衛が緊急となったのが原因だった。

ローマ人の撤退は、侵略・統治の終焉であると同時に、次の侵攻を招く始まりとなった。ヨークはその後、アングロ・サクソン、バイキング、ノルマンに侵略された。それらの跡がヨークの日常生活の中にある。このため、侵略、異民族による統治、戦争などの概念は、無意識のうちにヨークの人々の心に染みついていると、私は地元の人々と話をする中で感じることが多い。

ローマ人の撤退後、五世紀半ばからヨーロッパ大陸からアングロ・サクソン人が侵入し、六〇〇年頃にはヨークを含むイングランド全土を征服した。この「第二侵略」の記録には空白が多いが、六二七年四月一二日には、ヨークに木造のキリスト教の礼拝所が建てられた。そこで、

著者が住むHaxbyの通り。左はパブ

エドウィン王（King Edwin）が洗礼を受けた記録が残る。

第三の侵略は九世紀半ばに起きた。デンマークやその他の北欧からバイキングが北海を渡りウーズ川（River Ouse）を上って襲撃を繰り返し、ヨークは八六六年一一月一日に占領されてしまった。

バイキングは、ローマ人の作った道や集落の名前を変えていった。通りの名前で語尾が「gate」のものは、バイキングの「通り」を意味する「gata」に由来している。「Walmgate」「Coppergate」「Stonegate」「Skeldergate」「Petergate」など、多くが残る。

バイキングが命名した集落は、地域名の末尾が「by（村の意味）」である。私が住んでいる「Haxby」もその一つだが、他にも東海岸の「Whitby」や「Grimsby」、内陸の「Selby」や「Huby」など、かなりの数に上る。

最後の侵略は、フランスからの侵攻である。一〇六六年にイングランド南部を攻略したウィリアム征服王（William the Conqueror）は、一〇六八年にはヨークにも侵攻し、市内に城を築いた。

この四回の侵略に加えて、イギリスが外国から侵攻される危機に陥りながら、軍事力で外敵を排斥した歴史的栄光として授業で語られる戦闘がある。「スペイン無敵艦隊を退けた海戦」（一五八八年）、ナポレオンと戦った「トラファルガー海戦」（一八〇五年）と「ウォータールーの戦い」（一八一五年）、ヒトラーの空軍と制空権を巡り英国空軍が戦った「バトル・オブ・ブリテン」（一九四〇年）である。

私は、ヨークに住んで二四年になるが、いつになってもイギリス人と、軍縮・反戦・平和主義などについて話し合う際に困難を感じる。理由は、国民の大多数が軍隊を基本的に肯定しているからである。軍事力で戦ったからヒトラーのイギリス侵略を阻止し、ナチズムを撲滅に追いやり、自由と民主主義を守って今日の平和をもたらしたというプライドを持っている。

しかし、このような歴史観とプライドを持っている人々とも、時間をかけて静かに話し合える場合は、より根本に帰って歴史を見直し合うことにしている。とは言っても、八月一五日が近くなるとイギリス人と触れ合うのが苦痛になる。日本では、「終戦の日」だが、イギリスではこの日は、「V-J Day」と呼ばれる。「Victory over Japan Day」である。イギリスのテレビは例年、アジアで日本軍がイギリス兵捕虜をどのように扱ったかを報道する。肋骨が浮き出るまでに痩せこけたイギリス人捕虜が褌一枚の姿で残虐な日本兵に行進させられる姿を映し出す。ヨークの街中を歩くたびに、石に刻まれた文字はいずれ風化するが、歴史の落とした影は世紀・千年紀を超えて人々に語り継がれると、実感する。

クエーカー教徒の学校

他民族侵略の歴史が日常生活で目につくヨーク市で、マヤはクエーカー教徒が創立した学校へ通うことになった。

「クエーカー」は通称で、彼らの宗教組織の正式名は、「The Religious Society of Friends」である。それが、「キリスト友会」「フレンド会」などと和訳されている。

この通称のクエーカーは、英語の「震える」「身震いする」を意味する「quake（動詞）」の語尾を名詞化したものである。「主の言葉に震える人」の意味である。

創始者は、イギリスのジョージ・フォックス（George Fox：一六二四～一六九一）で、ランカシャーの山中で啓示を受け一六五〇年代に布教活動を始めたと言われる。イギリスの教徒数は、マヤの進学先を検討していた当時、日本で調べた数字で約二万人だった。二〇一二年に、私が、

マヤが通うことになったブーザム・スクール（2012年4月撮影）

ヨーク市のクエーカー・ミーティング・ハウス（礼拝・集会所）を訪れて確認した数字もほぼ同様で、約五〇〇カ所で礼拝が日曜やその他の曜日に開かれている。世界全体では約五〇〇万人の教徒がいて、アメリカに多い。

クエーカー創立の学校は、イギリスに九校あるが、四校がヨーク市とその近郊に集中している。ブーザム・スクール（一八二三年創立）は共学になったが、市内のもう一校のマウント・スクール（一八三一年創立）は創立から現在まで女子校である。

数少ないクエーカーの学校に対して、イングランド国教会（Church of England）の名を冠してその影響下にある公立学校は、イングランド内に四八〇〇校以上存在し、国教会系の私立学校は五六四校ある。

私は、マヤを私立学校に入学させることに抵抗があった。実家の経済力が不十分で大学進学ができなかった体験を持ちながら、我が子に私学教育を受けさせるのは、貧富の差の上に立脚する学校制度を肯定するに等しいと考えたからだ。

しかし、当時のイギリスの公立学校の多くは問題を抱えていた。体罰・部活・校則詰めの日本の学校とはまったく異なっていたが、サッチャー政権下で、政府による教育内容の締めつけが進行していた。全国一斉学力テストを導入し、その結果ですべての学校に順位をつけて、新聞で公表する準備が進んでいた。学校の規模も大型化していた。「競争原理」の導入で教員は締めつけられ、勉強に関心を持たない生徒が学校の環境を荒らす現象も出ていた。加えて、入学したその日から、英語での学習になる。一二歳で留学するようなものである。個人指導が行き届く私立にする必要があった。

家族で私立の一五校を検討したが、やはり、「クエーカーの学校」が魅力的だった。妻は、大学時代にクエーカーのミーティングに参加し、クエーカー哲学に触れていた。私は妻のような宗教体験はなかったが、投獄・処刑などの弾圧の歴史を持ちながらも平和と社会正義実現のためにたたかい続けているクエーカー教徒を尊敬していた。また、ＩＰＣ留学中にクエーカー教徒と同じ宿舎で生活し、ハロゲイトの学友の多くは、クエーカー教徒創立のチョコレート会社の従業員だった。このため、クエーカーに親しみを持っていた。

クエーカー教徒は、「平和」「平等」「真実」「質素」を尊ぶ。その価値観に立脚し、一六六一年以来、「非暴力提唱」「反戦活動」「良心的兵役拒否」「奴隷解放運動」「飢餓救済」「被災者救援」「女性の権利拡大」「囚人と精神病患者の人道的扱い」などの分野で、歴史に刻まれる運動を実践してきた。戦後は、イギリスの核開発反対やグリーナムコモン（ロンドン西方約八〇キロ）の米軍基地への核巡航ミサイル配備反対運動などの先頭に立ち、イギリスが関わる近年の戦争・国際紛争にも明確に反対している。また、後に触れるが、イギリスの大学に初の「平和学部」を創立するため多大な貢献をした人々である。

クエーカー教徒の平和活動は、表立たない場合も多いが、イギリスを代表する平和組織の多くが、クエーカー教徒の発案・主導である。日本でも知られている組織には、「Amnesty International」（アムネスティ・インターナショナル＝国際的な人権団体）、「Greenpeace」（グリーンピース）、「Campaign Against Arms Trade」（武器貿易反対キャンペーン）などがある。私の個人的な体験でも、デンマーク留学中から、何らかの反戦・平和運動に参加すると、いつも周りにはクエーカー教徒がいた。

彼らの長年の活動が国際的に評価され、すでに一九四七年には、「ノーベル平和賞」をイギリスとアメリカの組織が世界のクエーカー教徒を代表して受賞した。

私たちが、マヤをブーザム・スクールに進学させたのは、彼女に大人になって偉業を成し遂げてほしいからではなかった。また、卒業生が毎年有名大学に進学しているからでもなかった。

クエーカーの「Friargate Meeting House」内のミーティング・ルーム

ブーザムは、企業創立者・社長などのビジネス関係者や、大学教授なども数多く輩出しているが、特色は、社会改革・平和主義者を出している点である。その中には、戦争の諸原因と防止策を数学の手法を使って分析した自然科学者 Lewis Fry Richardson（一八八一〜一九五三）、貧困問題を初めて社会科学的に調査し、イギリスの福祉国家建設に貢献した Benjamin Seebohm Rowntree（一八七一〜一九五四）、世界軍縮への貢献で一九五九年にノーベル平和賞を受賞した Philip Noel-Baker（一八八九〜一九八二）などがいる。

このようなクエーカー教徒は、ミーティングと呼ばれる集会で向かい合って座り、沈黙の中で精霊の声に耳を澄ませた人々だった。神父・牧師もいない、聖典・式次第・祭壇などもない質素な部屋で沈黙を守り、啓示を受けた者は立ち上がって神の声を分かち合った人々だった。初期のクエーカー教徒の多くは、王や国家に忠誠を誓わないがゆえに投獄・拷問・処刑されるという弾圧を受けた。その歴史を生き抜く力は沈黙の中から生まれた。

「日本からどうしてブーザムへ」と問う人によく出会った。詳しく答えるとキリがなかった。しかし、朝会の後に行われるミーティングで、マヤが、学友・教員・スタッフと一緒に過ごす「沈黙のひと時」が、私にとって光り輝くかけがえのない貴重なものに思われた。

ヨーク大聖堂の光と影

ヨーク市を代表する建造物は「York Minster」である。日本語では、「ヨーク・ミンスター」または「ヨーク大聖堂」と表記され、観光ガイドブックには必ず掲載される。

現存する大聖堂は、一二二〇年に建造が始まり、約二五〇年間かけて完成した。苦灰岩を主材とし、全長一五八メートル、タワーの高さ六〇メートルに及ぶ聖堂は、北ヨーロッパの中世ゴシック建造物の中で一、二位の規模である。

イギリスには、一万六千以上の「イングランド国教会」の教会があるが、ヨーク大聖堂は、その北管区の本山的存在で、組織上で最高の地位にあるのはエリザベス女王である。

日本の学生や知人を大聖堂や市内の観光スポットへご案内すると、キリスト教の歴史に言及せ

ざるを得なくなる。このためか、私がキリスト教信者か否かよく尋ねられる。私は信者ではない。むしろ、組織化・制度化（institutionalised）されたキリスト教には批判的である。しかし、ヨーク大聖堂にはしばしば心を奪われる。

大聖堂に魅了されるのは、まず、建築物としての聖堂が美しい。入口から祭壇へかけての身廊は、過分な装飾がなく、高いアーチが作り出す空間に光が差す時、自分の心も精霊に満たされるような雰囲気になる。キリスト教の教義云々ではなく、何かスピリチュアルなものが私の琴線に触れるのである。また、この場所で人々は、一三〇〇年を優に超えて祈りを捧げてきたのである。また、聖堂の鐘の音を街中で聴くと、その音は碧空の彼方の天地から降り注ぐ祝福のシャワーのような気がしてくる。闇の中でライトアップされた聖堂はロマンチックな芳香さえ放つ。こんな心境になるのは私だけではないと思う。

しかし、このような雰囲気に浸ると私は、危険な心理状態に陥っている自分に気づくのである。私は、「大聖堂」や「鐘の音」などの「象徴」によって無意識の内に操作されているのである。賛美歌を聴いて歌の意味も考えずに美化し、儀式での聖職者の言葉に権威を感じるのである。教会の歴史上の汚点やキリスト教に弾圧され殺戮された人々を忘却したかのごとく、「ヨーク大聖堂」に敬服しそうになっているのである。

誰かが私を恣意的に操作しているのではない。しかし、国家が国民を操作しようと企てれば、

クリフォーズ・タワー

ヨーク大聖堂は有効な手段となるだろう。エリザベス女王を長とする、イングランド国教会の大聖堂である。人々は、聖職者の言葉を権威ある正しいものと受け止め、パイプオルガンの音を聴いて権威に逆らわない従順な市民になるのを美徳と考えるようになったとしても自然である。神は正義であり、その加護を受けるイングランドは偉大であると考えるようになるだろう。日本の学校で聞いた「国旗掲揚・国歌斉唱・一同起立」のかけ声が蘇ってくる。

「ヨーク大聖堂」が光り輝けば、同時にそれが影を落とすように、その鐘の音が響きわたる聖堂の周辺で、歴史は数多くの残虐行為を目撃し、今日の観光ルートの中に証人として佇んでいる。

大聖堂の南東約八〇〇メートルの位置には、「クリフォーズ・タワー」(Clifford's Tower) がある。ウィリアム征服王がヨークを制圧した一〇六八年直後に築いた城の一部で、小高い丘の上に後年造られた楕円筒状の石積みが残っている。

ここで、一一九〇年三月一六日の夜、当時木造だったタワーに迫害を恐れて集団避難していたユダヤ人一五〇名以上が虐殺された。殺戮を逃れた者は、「キリスト教への帰依」を誓ってタワーの外へ出ることが許されたが、タワーから出た後、殺害されたという。現在もこの日が近づくと、小旅行に出るヨーク定住のユダヤ人がいると聞く。

クリフォーズ・タワーでの一五三七年の殺害も歴史に残る。殺害の三年前に、ヘンリー八世がローマのカトリック支配から離れて、「イングランド国教会」を創立した。このヘンリー八世のカトリック弾圧や悪政に抵抗し、約四万人の人々がヨークシャー周辺で反乱を起こした。その指導者ロバート・アスク（Robert Aske）と数人の指導者が同年七月ここで処刑された。アスクは、王との合意に基づいて、恩赦とヨーク議会設立を条件に反乱軍を解散させた。しかし、王は約束に背いてアスクと数名を逮捕し、処刑した。

カトリック弾圧は、市内の各地で起きたが、観光ガイドブックに必ず載る「ザ・シャンブルズ」と呼ばれる古い通りもその一つである。この通りの肉屋の妻、マーガレット・クリザロー（Margaret Clitherow）は、カトリックの聖職者を家に匿って、一五八六年に石積みの刑で処刑された。

ヘンリー八世は、八〇〇を超えるアビー（修道院）やその他のカトリックの建物を、一五四〇

マーガレット・クリザローが聖者として祀られている「ザ・シャンブルズ 35 番・36 番」

「セント・メアリーズ・アビー」遺跡の一部。1088 年に創建され、ヘンリー８世の命令で 1539 年に修道院が解散、財産を没収された

年四月までには破壊し、それらの土地を含む膨大な財産を没収した。破壊された「アビー」の残骸は、当時の呼称のまま現在は観光史跡になっている。市内の「セント・メアリーズ・アビー」や、私が妻と週末によくウォーキングに出かける、「ファウンティンズ・アビー」「リーボー・アビー」「バイランド・アビー」など、身近にかなり残る。

このヨークの街でも、私は、イラク攻撃反対デモに加わった。二〇〇三年二月一五日にロンドン一〇〇万人デモに参加したちょうど一カ月後だった。デモの集合場所が「クリフォーズ・タワー」で、解散地点が「ヨーク大聖堂」だった。この二カ所の選択について、私はちょっと複雑な気持ちを抱きながら歩いた。

平和学部と私の出合い

「平和」を学問の一分野とする研究が本格的に始まったのは、第二次世界大戦後である。一九五九年に、平和研究の先駆となる「オスロ国際平和研究所」（ＰＲＩＯ）をヨハン・ガルトゥングが創設し、一九六六年には、「ストックホルム国際平和研究所」（ＳＩＰＲＩ）が設立された。また、一九六四年には、「国際平和研究学会」（ＩＰＲＡ）が発足し、一九七三年には、「日本平和学会」が生まれた。この年にイギリスでは、「ブラッドフォード大学平和学部」が創立された。

平和学は当初、戦争や武力行使などの物理的・直接的な暴力のない状態を平和と考えて出発した。この「戦争・武力行使の不在」をもって平和とする考え方は、後年「消極的平和」と呼ばれるようになり、一九七〇年代になると、ガルトゥングによって提唱された「構造的暴力」と「積極的平和」の概念が広まっていった。彼は、社会構造や経済・国際システムなども「暴力」を生み出すと考え、その「構造的暴力」によって人間が本来持っている身体的・精神的可能性が十分実現されない状況を問題視した。そして、「構造的暴力」の不在を「積極的平和」と定義した。「消極的平和」から「積極的平和」へと平和の概念が拡張されるにしたがって、平和学の研究対象も、戦争や国際紛争に加えて、貧困・飢餓・抑圧・差別・開発・人権・ジェンダー・コミュニティーなどの問題を含むようになっていった。

私が最初に「平和学部」なる学部の存在を知ったのは、ウェザビー高校に勤務していた一九七六年の夏だった。理科実験室棟の一室が高校生の休息室兼大学進学資料室となっていた。夏期休暇中には時折そこへ入って、各大学の案内書を見ながら将来は自分もどこかの大学へと夢見ていた。その資料の中に、三年前の一九七三年に創立された、ブラッドフォード大学平和学部の資料があった。当時は、「School of Peace Studies」だった。

国立の大学に「平和学部」を創ったイギリスの先見性と度量の大きさに強い印象を受けた。また、ヨークシャー州の地方都市であるブラッドフォード市にできたのも驚きだった。ウェザビー

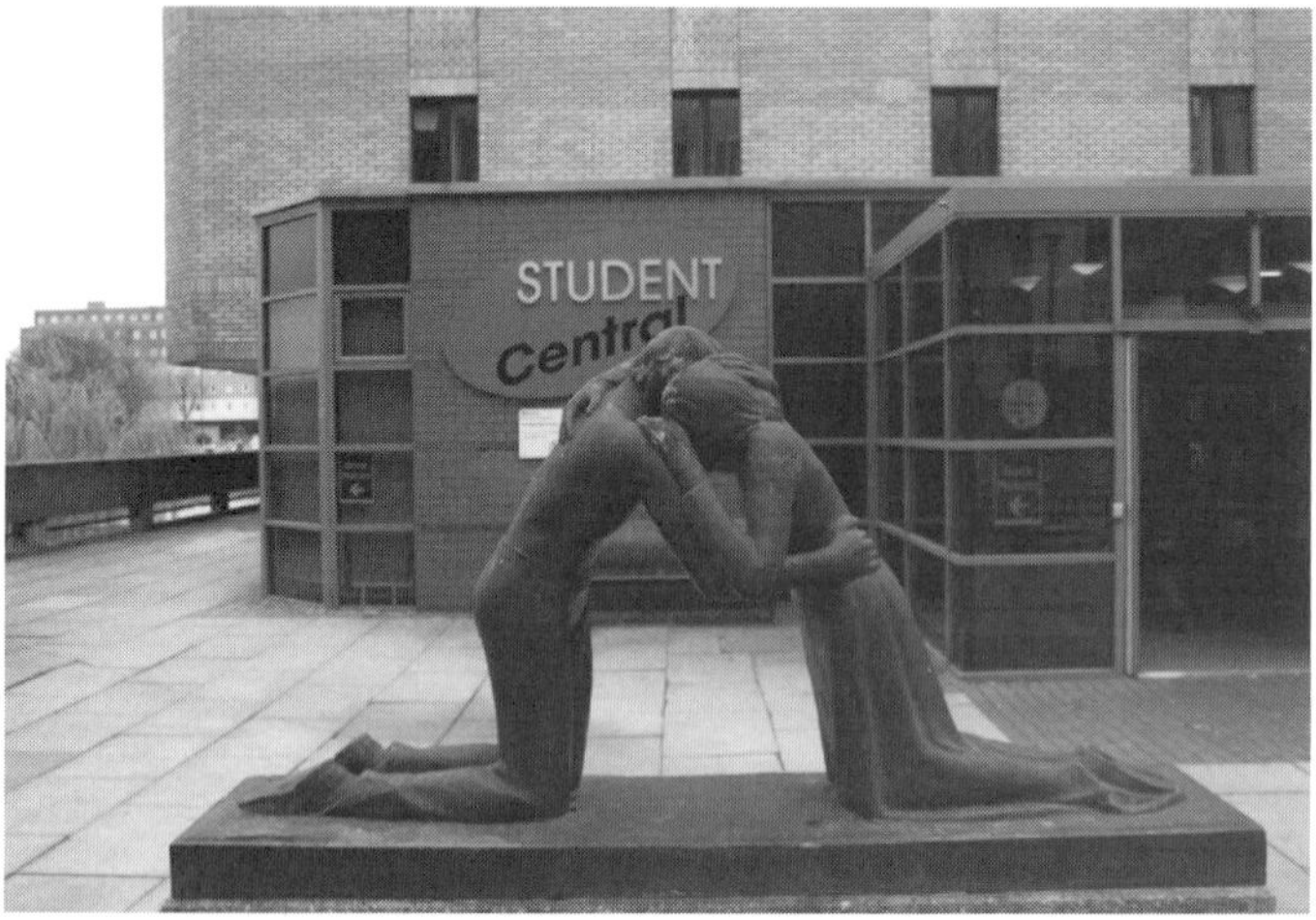

ブラッドフォード大学平和学部のシンボル的存在で大学図書館前に設置されているブロンズ像。彫刻家ジョセフィーナ・デ・バスコンチェロス（Josefina de Vasconcellos）が 1977 年に制作した

から車で四〇分の距離で、親近感を持った。

この最初の出合いから一〇年以上経って、私は再び「平和学部」に想いを馳せるようになった。当時、飛騨での英語教室は順調だったが、私は開設当初から強い学歴劣等感を抱いていた。「自分は大卒でない」事実に就寝時と起床の際にいつも苛まれていた。日本の大学やアメリカのミネソタ大学の通信教育も受けてみたが、魅力を失い途中で止めた。

当時はまた、多様な平和問題への関心が深まる一方だった。デンマークやイギリスでの体験が、日本の状況を私に深く考えさせたのかも知れない。「日の丸・君が代」・軍事費増大・体罰に代表される当時の政治・教育状況を考えると、「平和を学びたい」気持ちは日増しに高まっていった。

そんな中で、家族で再びイギリスへ渡る決意をした際に、思い切って私も勉強することにした。英語教室のお陰で、二、三年は収入が絶えても生活していける蓄えができていた。

夢実現への最初の一歩として、「平和学部」の学士課程へ入学したい旨の航空便を送った。経歴を詳しく書き、願書の請求もした。権威には簡単に服従しない自分だと思っていたが、日本の飛騨の寒村からイギリス唯一の平和学部へ打診するのは、恐れ多い気持ちがした。回答の航空便が届いた時は開封する勇気がなかなか出なかった。便箋一枚ではなく、資料が同封されているようだったので、完全に駄目との返事とは思わなかった。

開封して驚いた。「学部出願より大学院修士課程出願を考えてはどうか」と書いてあった。うれしさを超えて信じ難い回答だった。だが、大学院案内の写真の一枚を見て勧めにしたがうのが躊躇された。学部長のジェームズ・オコネル教授と二名の教授が、学部に寄贈された歴史的文献を一緒に見ている写真に緊張が漲っているのである。張り詰めた空気感の中で、すべてを見通すような静かだが鋭い目が光っていた。威厳に満ちた教授の顔立ちを見ていると、「学問レベルは高いに違いない」「厳格な大学院の授業についていけるだろうか」「試験は難しいに違いない」と、心配になってきた。

思い切って出した願書には、私の研究関心分野として九項目を挙げた。
(1)国家間の戦争を誘発する文化的・社会的・個人的要因の相互関連の分析
(2)米国のＳＤＩ（戦略防衛構想）システムの技術的脆弱性

(3)ＳＤＩや軍備増強における軍産複合体を含む経済的要因の分析
(4)核兵器の保有と使用に関する国際法上の合法性と違法性論議
(5)自衛権と核兵器使用の関係分析
(6)グローバルな視点から見た核兵器開発と核燃料サイクルの関係
(7)南北問題と東西問題の相互関係
(8)平和構築におけるＮＧＯの役割
(9)戦争の歴史における宗教の関わりの分析

イギリスの大学院修士課程の大多数は一年間で修了できる。しかし、これはフルタイム学生として学ぶ場合であって、同じ内容の修士コースを、パートタイム学生として履修することも可能である。パートタイムの場合、修了するのに二年間必要となる。また、修士号（ＭＡ）取得を目指すことなく、「ディプロマ」（修了証書）のみを取ることも可能である。ディプロマ学生もＭＡ学生と一緒に授業を受けるが、コースの最終段階で修士論文を提出することなく、修了証書をもらって終わる。

いろいろと考えた末、妻子が飛騨を離れる以前に、ディプロマ学生としての入学希望の願書を提出した。幸い、条件付きで入学が許可された。その条件とは――

①あなたは大卒でないので、学籍上、ＭＡ（Master of Arts＝文学修士）課程の学生としては登

録できない。
②入学時には、ディプロマ学生として登録する。
③しかし、MA学生もディプロマ学生も一緒にまったく同じコースを受講する。
④試験も両者の間に何らの差異はない。すべての試験に合格すれば、ディプロマ学生の学籍上の身分をMA候補生に切り替えて修士論文の提出を認める。
⑤論文が合格すれば入学時の身分と一切関係なく修士号を授与する。

一九八八年九月、イギリスに渡り、初めて大学を訪れた。パキスタンの衣服用のカラフルな生地を売っているお店三軒に立ち寄って大学への道を尋ねたが、皆、親切に教えてくれた。アジア人同士との親近感があったのだろうか。ブラッドフォードは移民の街として知られている。大学近辺の通りによっては移民がマジョリティである。ようやく平和学部の入っている大学本館にたどり着き、大学院事務室を訪れた。用件は、私の授業料の金額確認だった。私は日本国籍だけれどもイギリスに永住権があった。イギリス人と結婚していて違法行為も犯していなかったので、日本を出国する前に大阪の「英国総領事館」で面接を受けるだけで無期限にイギリスに滞在できる許可を得ていた。それで、授業料がイギリス人と同額になるべきとの、私の判断を確認したかった。

実は、イギリス人と海外からの留学生の授業料の差は大きかった。私は、パートタイムで学ぶ計画だったので、イギリス人と同じ授業料でよければ、二年間で八六四ポンド（当時の為替レートで約二〇万三千円）ですんだ。しかし、「日本人留学生」とみなされると、三六九〇ポンド（約八六万七千円）になり、四倍以上の授業料を払わなければならなかった。

対応したジェニーさんは、私が名乗るとすぐ、「覚えています」と微笑んだ。また、私の確認用件も、もっともなことと言わんばかりに笑顔が伝えていた。一〇数年前に、「嵐が丘」近くのジョブ・センターで私に生活保護申請書を手渡してくれた女性の笑顔を思い出した。ジェニーさんは、確認のため私を別室へ連れて行った。ドアには、「学部長・ジェームズ・オコネル教授」と書かれていた。挨拶し確認事項を伝えたと心では思ったが、緊張のあまり何を言ったのか自分の頭で整頓できなかった。学部長は、「それで問題ないと思う。一応確認する」と物静かに答えた。そして、「それにしても遠いところからよく来たね」というかのごとく優しい目で私を見つめてくれた。

平和学修士コース

日本人が三八歳で、どこの国の大学も出ることなく、イギリスの大学院へ入った。これだけでも異質な自分を気にかけていたが、私だけでなくパートタイムの社会人学生は、ある意味では各自が特異な院生だった。最高齢者は退職したお医者さんで七〇歳を超えていた。他には、教員を辞め平和運動をしている女性、舞台女優、修道女、NGOメンバー、会計士、大学事務員や現職警察官二名が含まれていた。ロンドンからブラッドフォードまで毎週受講に来る会社勤めの学生も二名いた。

平和学部が、多様な学生を受け入れる理由は、平和学は理論と実践の両方を重視するからだった。研究成果は平和運動でその有効性が試され、平和活動から研究者も学ぶべきとの姿勢が学部内にあった。研究・教育・実践活動が有機的に関連していて、理論と実践の間にフィードバックが繰り返されるべきとの判断があった。この観点から、社会経験を持つ成人学生は大学院でむしろ重要な位置を占めていた。

教員も多彩な経歴を持っていた。当時の教員は、イギリスで初の「平和学部」を創り育てていた人々だったので、自らは平和学で学位を取っていなかった。

学部長はアイルランド出身の神学者・教育学者で、博士号はベルギーのカトリックの大学で取得していた。特別に親しくしてもらった教員の経歴は多様だった。元々は、脳神経の生物学者だったが、アメリカで各国の戦術や戦略を数学的に分析する研究をした後、学部へ来たダンドー先生。農学専門で航空会社勤務の後に教壇に立ち、フランスの核戦略研究を専門とするG先生。

オランダ人でベルギーのアントワープ大学で経済学を、アメリカのジョンズ・ホプキンズ大学で国際関係論を学んだ後、ロンドン大学で博士号を取り、四カ国語で学術論文を発表していたD先生などがいた。

大学院なので履修科目数は少なかったが、どの科目にも忘れられない思い出がある。

「平和学入門」の授業には、MAコース担当の教員が講師として全員加わった。毎週各教員が、自分の担当科目の概要を紹介し、自分の本来の研究分野と平和学との関連を説明した。また、平和学をブラッドフォード大学で教えるに至る「自分史」も話してくれた。出身大学ではジャガイモの疫病を研究したR先生は、各国の核兵器保有数・開発状況を調査し出版するようになった経緯を話した。彼の場合、平和研究に関心を抱き始めて研究分野を根本的に変更する決意をした際に気づいたことがあった。それは、平和を真剣に考え核兵器に反対している大多数の人々も、反対に核抑止論や軍拡を支持する人々も、世界にどれほど核兵器が実際にあるのか正確に知らなかったことだという。興味を誘われる多くの研究・人生の遍歴・平和研究の歴史に出合った。

「研究方法論」では、平和学は、医学がそうであるように、多くの学問分野の研究成果が取り込まれて成り立つ点が紹介された。政治学・社会学・経済学・国際関係論・歴史・宗教学・心理学・哲学・科学技術など、関連する学問分野は枚挙に暇がない。

また、平和学はあくまでも「科学」であり、ドグマやイデオロギーに囚われない冷静な論理思考と立証姿勢が必要な点も確認された。

「紛争地域研究」では、北アイルランド紛争と、イスラエル・パレスチナ問題が取り上げられた。宗教の相違は必ずしも紛争の原因とはならないが、宗教は紛争に利用されがちとの分析には説得力があった。また、紛争は、「世界各地の紛争」として一般論で語ってもあまり意味がなく、解決のためには、個別的な紛争の諸相・多面性と根深い歴史的経緯を分析しなければならない点が指摘された。

「核抑止と戦略」は、核抑止の概念の中で、「相互確証破壊」(MAD＝Mutually Assured Destruction)を中心に、すべての核戦略・ドクトリン・政策が紹介された。さらに、それらを肯定・否定する代表的な見解と、それらの見解を構成する政治学・倫理学・哲学的基盤が解説された。

「オルタナティブ・ソサエティ」は、日本語に訳し難いが、現実に存在する社会・国家・経済形態に代わる形態を考えるもので、ユートピア論やガンジーが理想とした社会などが紹介された。デンマークのＩＰＣにも、「マルクス・毛沢東・ガンジー」があったが、それをより学問的に深めた内容だった。また、この教科には、「科学技術の進歩と社会変革」のサブ・テーマが含まれていた。このサブ・テーマで私は最終試験の一部となるエッセイ(小論文)を二本書いたが、日本とイギリスで理科系の教科を学んでいたので書き易いものだった。

「平和教育」では、「Peace Education」とは、単に平和に「ついて」の知識を与える教育ではなく、平和の創出・維持の「ための」教育であり、加えて教育は、平和的な教育環境の下で行われるべきとの視点に共感した。これも、デンマークのIPCの思想につながるものだった。また、平和教育を独立した教科として学校教育に導入できなくても、多様な教科の授業を通して平和教育は可能である点が指摘された。

大学院での授業内容は以上のようなものであったが、入学したての一九八八年の秋から半年は、大学院で学べるうれしさよりも、不安を通り越して「恐怖心」でいっぱいで、大学内では息を止めたまま一日を過ごすような気がした。英語での激論には飛び込めなかった。

四人前後で一グループの「チュートリアル」は、自分の関心分野が多く担当教授の選択に迷った。しかし、教授の名前が覚え易いこともあり、マルコム・ダンドー（Malcolm Dando）先生のグループに加わった。刑法学者で著名な団藤重光を連想し、「団藤＝ダンドー」と覚えた。それでも英語による授業で頭が疲れて、いつの間にか、彼の名を「マンドー」と呼んでしまっていることがあった。

平和学部と日本国憲法第九条

平和学部での論議は厳格で常に激しいものだった。平和学は「科学」であるから、理想や願いのみを述べてもさほど意味がない。人類の滅亡を左右する核兵器や虐殺が現実に進行している地域紛争などを論じるのだから、論議は具体性と実行可能性を必要とした。

例えば、「武力で問題は解決しない」レベルの論議は、現に進行中の大量虐殺を阻止する行動を起こす上で限界がある。「民族浄化」などによる虐殺には、武力を行使してでも介入し、救済するのが人道であり、一定の条件下では戦争に訴えてでも問題を解決するのが正義であるとの考えが広く存在する。もちろん、反論も存在する。

英語で論争に加わるのは常に困難だったが、試験は順調にパスした。修士論文では、憲法第九条から次第に離れていく日本の防衛・安全保障政策を取り上げた。

しかし、「日本国憲法第九条」について英文で論文を書くにはいくつかの困難が伴った。まず、正文である「日本国憲法第九条」とその英訳「Article 9」の間には、文理解釈した場合、意味上の差異が存在するからである。

第九条第一項の主語は、正文である「第九条」も英訳「Article 9」も「日本国民」であり、動詞は、「放棄する」である。だが、日本国民が「何を」放棄するのかに関しては、両者間に隔たりがある。つまり、動詞の目的語が異なるのである。

「第九条」では、「放棄する」の目的語が、「国権の発動たる戦争」と「武力による威嚇又は武力の行使」である。しかし、「Article 9」では、「放棄する」のは、「国の主権としての戦争＝国

憲法第九条の日本文と英文の対比

	日本文	英　文
第1項	日本国民は、正義と秩序を基調とする国際平和を誠実に希求し、国権の発動たる戦争と、武力による威嚇又は武力の行使は、国際紛争を解決する手段としては、永久にこれを放棄する。	Aspiring sincerely to an international peace based on justice and order, the Japanese people forever renounce war as a sovereign right of the nation and the threat or use of force as means of settling international disputes.
第2項	前項の目的を達するため、陸海空軍その他の戦力は、これを保持しない。国の交戦権は、これを認めない。	In order to accomplish the aim of the preceding paragraph, land, sea, and air forces, as well as other war potential, will never be maintained.The right of belligerency of the state will not be recognized.

権の発動たる戦争」と「国際紛争を解決する手段としての武力による威嚇又は武力の行使」である。

「第九条」においては、「国際紛争を解決する手段としては」が、「放棄する」に一定の制約を加えているように解釈できる。「第九条」のみを文理解釈すると、「戦争」と「武力による威嚇又は武力の行使」を無条件に放棄しているとは判読し難い。このような解釈の一例は、鳩山一郎内閣の統一見解、「戦争と武力の威嚇、武力の行使が放棄されるのは、『国際紛争を解決する手段としては』ということである」（衆議院予算委員会議事録第二号・一九五四年一二月二二日）に見受けられる。

しかし、「Article 9」では「放棄する」に条件も制約もない。無条件放棄だから、侵略・制裁・自衛戦争を含めてすべての戦争を放棄していると考えるべきである。

　この差異に加えて、「自衛隊」なる存在も、英語の文献・記事では、「the so-called Self Defense Force (s)」と、「so-called」を「自衛隊」の前に付けて論じられる場合が多い。「so-called」は、「いわゆる」「世にいう」ではあるが、通常の場合、「不信・軽蔑・嘲笑」を含む。「自衛隊とやら」「本当かどうか疑わしいが自衛隊」となる。実質上、「自衛隊などと呼んでいるが軍隊だ」という含みがある。

　さらなる困難は、英訳を無視しても、日本に存在する多様な「九条解釈論」である。「護憲」「九条を護る」といっても、護る「九条」とは「日本国民」にとって何なのか。

「自国に対して武力攻撃が加えられた場合に、国土を防御する手段として武力を行使することは、憲法に違反しない」（衆・予算委一九五四年一二月二二日・大村防衛庁長官答弁）。「自衛のための必要最小限度を超えない実力を保持することは、憲法九条二項によっても禁止されておらない。したがって右の限度の範囲内にとどまるものである限り、核兵器であると通常兵器であるとを問わずこれを保有することは同項の禁ずるところではない」（参・予算委一九八二年四月五日・角田法制局長官答弁）。このような憲法解釈が日本国政府の統一見解である。

　反面、憲法は自衛戦争をも含めたすべての戦争を放棄し、自衛隊は憲法違反であるとの解釈も存在する。実際、一九四六年の制憲議会での当時の吉田茂首相も、自衛戦争であっても九条によって禁じられる、と国会で確言していた。

さらに、「九条を護る」とは、具体的にはどのようなことなのか。現在九条は護られているとの判断に基づき、九条違反が生じないようこの先も護り続けるという意味か。それとも、現実は九条からかけ離れてしまったが、条文とその精神は残し続けるということか。あるいは、現実を変革し戦力である自衛隊を廃止することをも含むのか。海外にいると理解しがたい。

このような「和文・英文憲法の存在」と「政府と公法学者の間の九条解釈に関する広範な差異」を考え合わせると、何をもって「日本」「日本人」の見解とすべきか、困難をきわめた。

しかし、一九九〇年九月に修士論文を提出した。論文を書き上げることができたのは、全税関の仲間との論議、IPCでの体験、飛騨での一〇年間の思索があったからだと思った。

修士論文を提出すると、その審査結果も出ないうちに、指導教授のダンドー先生とオーウェン・グリーン先生から博士号を目指さないかと声がかかった。夢のような話で、英会話が苦手だから質問を聞き間違えたと思った。「そんな能力がありますか」と聞き返すと、「能力がないと考えるのなら聞きはしない」だった。

足が宙に浮くほどうれしさきわまりなかったが、簡単にイエスとは言えなかった。博士号取得にはさらに最低三年間必要で、当時イギリス人でも通常四年半かけていた。また、「博士課程単位取得」や「満期退学」という概念・制度もない。何年かけてリサーチしても博士論文が通らず、紙一枚得ることなく大学院を去る者がかなりいた。

日本人初の平和学博士を目指して

博士課程を夢想する日々から厳しい現実に帰り、お金に余裕がないと、二人の先生にずばり打ち明けた。するとダンドー先生は奨学金を見つけてきて申請を勧めた。その勧めにしたがって、運よく、三年間の授業料と最低限の生活費が確保できた。そこで、ダンドー先生の指導で、一九九〇年秋から博士号取得を目指すことになった。

研究テーマは、日本・米国・欧州における民生ハイテクノロジーの軍事開発への転用の実態を調査し、ハイテク軍事開発が軍事戦略に及ぼす影響を分析することにした。特に、日本のハイテク軍備増強を日米間の外交・安全保障関係との関わりで扱うことにした。

一九九〇年一二月八日、卒業式で修士号を受け取った。妻と一緒に出席し、帰る途中、自宅近くのパブで一服した。長年の学歴劣等感を振り返りながら、「ブラッドフォード大学平和学修士」の証書を見つめた。同時に、始まったばかりの研究生活の先を想った。夢のような気持ちと底知れぬ不安とを同時に抱いた。

「修士号証書を自分の祖母・両親に見せたい。妻の両親にも」と、風花の舞う初冬の碧空を見上げたが、皆、帰らぬ旅に発った人ばかりだった。生きていたら、喜ぶ以前に、きっと「そんなに無理するなよ。体を壊すなよ」と言うに違いないと思った。特に母親の言葉は耳のそばで聞こえるようだった。修士号証書のコピーを飛騨の実家へ送り、仏壇に捧げてくれるよう兄に頼んだ。

「博士課程」と便宜的に言ってしまうが、「課程」と言えるほど組織的制約はなかった。セミナーや講演、個人指導、定期的な研究発表、研究の進展状況のモニタリングなどからコースは成り立っていたが、基本的には指導教授の監督の下で博士論文を書き上げるのが制度の骨格だった。その後、論文が学内と外部大学試験官の審査をパスし、口頭試問に合格すれば、博士号が授与される仕組みである。

研究を始めると、次から次と多くの人々・組織にお世話になることになった。左翼・右翼、体制・反体制、日本・外国などの概念に囚われていては、客観的で斬新な研究はできない。政党は自民党から日本共産党までアプローチした。新聞は、自衛隊の準機関紙「朝雲新聞」などの専門紙や「赤旗」などの政党機関紙から一般紙も資料とした。報道の信憑性を確認するため、英米紙と突き合わせもした。

資料は、アメリカ合衆国会計検査院からも入手した。航空便料金も含めてすべて無料で、貴重な資料をイギリスへ送ってもらった。「ＳＤＩ」（米国の戦略防衛構想。通称スター・ウォーズ計画）「宇宙軍事プログラム」（米国の軍事偵察衛星打ち上げ計画など）「日米共同開発：ＦＳ－Ｘプログラ

アメリカの会計検査院から取り寄せた資料の一部。「日米バードン・シェアリング」「日米FS-X（次期支援戦闘機）共同開発」などに関する博士論文用資料として活用した

ム・レビュー」（日本の次期支援戦闘機の日米共同開発に関する講評）「日米バードン・シェアリング」（日米軍事同盟と負担の分かち合い）「外国テクノロジー」（海外のテクノロジーの軍事的意味合いと米国への影響）「米国内における外国の投資」（米国の国家安全保障の視点から分析した諸外国の米国内投資）など、得難い公式資料を次から次と取り寄せた。日本の各種機関が公表する以上に詳しい情報が入手できた。

ダンドー先生は、元来の専門が自然科学系だったこともあり、客観性を何より重んじた。先生は研究の上で、「ソビエト平和擁護委員会」「米国国防総省」「CND（核軍縮キャンペーン）」「NATO（北大西洋条約機構）」などを含む多様な機関と対話を行っていた。私にも自分のイデオロギーに囚われないリサーチの重要性を強調した。

当時の防衛庁本部・通産省・宇宙開発事業団・経団連

防衛生産委員会・防衛生産関連民間主要企業などからも資料を入手した。防衛庁技術研究開発本部を訪れて高官数名にインタビューも行った。「日本戦略研究センター」（元自民党副総裁・金丸信などが一九八〇年に設立。当時の防衛庁OBや自民党防衛族議員などがメンバー）、「平和・安全保障研究所」（一九七八年に元防衛大学校長・猪木正道を理事長として設立）、「ディフェンス・リサーチ・センター」（防衛戦略・政策に関するシンクタンクとして、元防衛庁技術研究本部開発官・上田愛彦などを中心に一九九一年に設立）なども訪れて意見を謙虚に聞いた。

三年間かけて研究し、一五万五千語（英単語）で書き上げた論文を一九九三年九月末に提出した。一一月に〝審判の日〟が来た。口頭試問である。結果がどうなっても自分には説明ができた。しかし、落ちた場合、家族に申し訳なく思われた。妻子を無視するかのごとく、研究中心の生活だった。車で大学へ向かう朝、緊張のあまりに足が震えてクラッチ・ペダルがうまく踏めなかった。

口頭試問での論争は二時間続いたが、私にはアッという間だった。試問が終わると、大学内部・外部の両審査官が結論を出す間、私は席を外すよう指示され別室へ移った。

「落ちたら恥ずかしい」「三年間リサーチ以外に何も頭になく、妻子が目に入らない日々が多かった。許してくれ」「もう、燃えつきた。再提出などするエネルギーはない」「落ちたら明日から何をしよう」……手と足の裏が汗ばみ、口が乾いた。

試験室に戻るように指示された。入室すると外部審査官が無言で起立した。私に向かって、「規則上、私がこの役を務め、あなたにこれを伝達しなければならない」と、神妙な顔をして切り出した。そして一呼吸置いて、「コングラチュレーションズ、ドクター・ナカムラ！」と一言述べ、笑顔で握手を求めてきた。

まず最初に公衆電話から妻へ合格を伝えた。家に向かう車の中で、過去に私が留学でお世話になった人々の顔が走馬灯のように脳裏を駆け巡った。一九七三年のデンマーク留学を支えてくれた全税関と留学問題を国会で取り上げていただいた木下元二・元衆議院議員。あれから二〇年が経っていた。留学闘争中に、憲法や行政法の解釈について詳しく教えていただいた行政法の権威・室井力先生。それが縁となって先生には、博士号取得まで何かとお世話になった。先生は、ドイツのハイデルベルグ大学での研究を回顧されながら、「君は勉強したいと言うか

ブラッドフォード大学卒業式に出席した筆者。博士ガウンを着た（1994 年 7 月）

ら」と、高卒で名古屋大学に関係ない私を自分の院生のごとく励ましてくださった。

平和学部内の対立問題

私が博士論文を提出した頃には、平和学部は国際レベルのリサーチに重点を置く方針を確立しつつあった。少人数教育を特色とするのがイギリスの教育のため、スタッフや学生数は日本と比較すると小規模だった。それでも二一名の教員に加えて三〇人の博士課程研究生がリサーチを行い、毎年八〇名程度が修士課程へ入学してきた。博士号取得者は、年平均で八名程度だった。学士号を目指す学生は、例年五〇名から六〇名が入学してきた。

平和学部の規模は、二〇一二年の今日においても当時と大差はない。しかし、教員数は二六名になり、修士課程入学者は例年一〇〇名程度に増えている。また、学科も創立以来の「平和学」に加えて、「国際関係と安全保障研究」「開発と平和研究」「紛争解決論」など、多様化を帯びてきている。卒業生の中には、イギリス国内と世界の四〇カ国以上で、国連関連機関スタッフ・ジャーナリスト・国会議員・大学教員・NGO職員・平和運動家などとして活躍している者も多くいる。

口頭試問の数週間前に、「平和学部で働かないか？」と、ある先生から声をかけられた。仕事は、日本で社会科学の「ディスタンス・ラーニング・プログラム」を立ち上げ、運営するプロジェクトの担当だった。

このプログラムは、大阪ＹＭＣＡとの提携で、イギリスの大学院進学を目指す人々が日本にいながら留学の準備をする、「大学院予科」的な性格のコースだった。また、大学院進学は望まないが、日本で働きながら社会科学を英語で学びたい人々も対象としていた。授業は、関西在住のイギリス人講師とブラッドフォードから定期的に派遣される教員で行うことになっていた。社会科学入門に加えて、「平和学」「女性学」「開発学」が含まれていたので、イギリスの高等教育を日本へ紹介する好機と考えて引き受けた。

この頃から、私は、大学をスタッフのひとりとして内部から観察するようになった。院生当時は、先生であった人々が形式上は同僚となった。「ドクター・ダンドー」に代えて、先生を「マルコム」と呼ぶ日々が始まった。イギリス人は、大学の一回生でも教授をファースト・ネームで呼ぶ。しかし、私にはそれができなかった。親しい呼び方と熟知していても、どうしても失礼に感じた。「ドクター・マンドー」と呼び間違えたのも、ダンドー先生を周りは皆「マルコム」と呼んでいたからだった。

同僚との気楽な対話の中で最初に気づいたのは、平和学部の内部にも対立問題が存在する事実だった。一九七三年からの「学部創成期」に活発に論じられた難問であり、同時に、平和学を目指す学生はいつの時代も一度は直面する問題だった。それは、「学究主義対行動主義」であり「理論研究対実践行動」である。

この対立問題は、「平和学部は何のために存在するか」「教員は何を研究し教育すべきか」「学生は何を求めて平和学部へ進学するのか」などにつながる問題でもあった。

創成期には、平和に関する授業や理論的研究などより、平和運動に加わり行動を起こすことの方が、学部の教員・学生にとって重要との見解がかなり強く存在した。学部内教育より学部外の「演習・実習」を重視する声が根強くあった。イギリス初の「平和学部」へ進学して来た若い学生たちは、平和実現のため世界を変える情熱に燃えていた。それが行動主義につながった理由だった。同時に、創立当時は教員にも「学者兼実践家」がいた。

例えば、初代学部長のアダム・カール教授は、オックスフォード大学やハーバード大学などで心理学・教育学の教鞭を執った学者だったが、同時に、世界各地の紛争解決・調停で活躍したクエーカー教徒の平和活動家としても知られていた。講師のひとりマイケル・ハーボトゥルは、着任前は「インターナショナル・ピース・アカデミー」の副総裁で、さらにそれ以前には英国陸軍准将だった。彼は、一九六六～六八年の間、「国連キプロス平和維持軍」の参謀を務めていた。

一方、学部創成期に実践的な平和活動への参画が重視されたとは言え、「平和学」が一学問分野としてブラッドフォードで確立したのも事実である。

カール教授が確立した「学問としての平和学」をより強固にし、不動にしようと試みたのが二代目のオコネル教授（一九七八年学部長就任）だった。彼の方針も、決して実践的な平和活動を軽視するものではなかった。しかし、平和学を学問の一分野として不動のものにするには、著作活動などの伝統的な学究活動が必要不可欠であると、彼は学部内で力説した。「学生・学者の平和活動は勉強であり研究である」と。

私が院生からスタッフになる頃、学部内で出版活動が活発化した。出版社の一般出版に加えて、学部独自の出版物として、「Peace Studies Paper」「Peace Research Report」「Peace Research Briefing」が多様な読者を想定して次から次と出版された。

学部出版物は、政策提言やケース・スタディー的なものが多く、読者層として国会議員・官僚・軍部・ジャーナリスト・ＮＧＯ・シンクタンク・国際機関・平和活動家などを想定していた。私も、学部の依頼で、英国の国会議員向けに日本のＰＫＯ参加についてのブリーフィングを執筆した。

二代目学部長の学究と出版を重視する戦略は、平和学を学問の一分野として確立したのみではなかった。学部創立以来の難問だった、「学究主義対行動主義」を対立関係ではなく相互依存関係に変換する役割も果たした。

研究成果は、出版を通して平和運動組織やマスメディアへ流れ、実践に供されて研究の真価が確かめられた。実践を経て明らかになった研究の有効性や欠陥は、学部のさらなる研究に取り入れられ、再び社会へ出た。このようにして、学究と実践の間に、フィードバックが自然と確立し、学究と実践のどちらかを重視する二者択一の考え方は意味を持たなくなった。

創成期に社会に存在した「平和学はアカデミックに成り得ない」という批判は、学問は主観を避け、客観的・中立・不偏であるべきで、主張・唱道（advocacy）を伴うべきでないという伝統的な考えに立脚していた。

しかし、平和学は必然的に、一定の主張・唱道を含むようになる。主張・唱道が含まれるのは、平和学は、単に平和「についての」学問ではなく、現実の問題を扱い、解決策を具体的に考える平和「のための」学問だからだ。ちょうど医学が一般論として、「延命は善」であるとの価値観を持っているように、平和学は、「平和は善」「平和実現」との価値観と方向性に立脚している。もちろん、未解決の問題として、医学には「安楽死」、平和学には「正戦論」の問題が存在するが。

このように、平和学は人間の価値観に立脚していて、物理学や化学などに見られる絶対的な客観性には欠ける。しかし、それは学問としての欠陥を意味するのではなく、学問上の特徴と私は考える。

サッチャー首相がつぶせなかった学部

学部の内情に触れるにしたがって驚くことが二つあった。まず、学部が英国内外の各種組織と広くつながっていた。次の驚きは、平和学部が創成期から一九八〇年代を通して激しい攻撃を受けてきた事実だった。

教授陣は、平和と言えば多くの国民が想起するオックスファム、グリンピース、ＣＮＤ（核軍縮キャンペーン）などに代表される広範な平和関連組織と、一見その対極にあるような、米国国防総省、英国国防省、ＮＡＴＯ（北大西洋条約機構）や、フォード財団などと、研究活動を通して交流していた。私は、学部のスタッフが関連しているＮＡＴＯなどのいくつかの組織には個人的には反対していたし、現在も同様である。しかし、一般的に言えば、左右のバランスが取れていた。

しかし、攻撃・中傷は一時期絶えなかった。国会議事録から拾ってみただけでも明らかである。「ブラッドフォード平和学部は、都市ゲリラの隠れ家」「平和研究はアカデミックでない」「学部は、反政府プロパガンダーであるから学部へ国費を支給すべきでない」「トライデント・ミサイル搭載原潜をキャンセルすれば一一六億ポンドの出費節約が可能などと学部は発表した」「核兵器関連事故がイギリスとその近辺で二二件発生したとの疑惑を学部は報告した」「学部は、ワルシャワ条約機構軍は通常兵器でＮＡＴＯに優越していないなどという結論を出した」「共産主義者が長年抱いている世界支配の野望に学部が言及したことがない」「何百万人もの自国民の死者をもたらしたソビエト指導者の責任に学部は決して触れない」「学部は、ソビエトがポーランド・チェコスロバキアを粉砕した事実に触れない」……

このような批判を招いた原因の一つは、優秀な人物であれば、経歴に拘ることなく教員や研究員として学部が起用した事実だったと私は考える。過去に何らかの問題を起こした人物を、学部で採用すれば一般社会では問題視される。しかし、それでも優秀な人物は採用したのである。

例えば、Ｈ氏は南アフリカで黒人労働運動を組織したり、「アフリカン・レジスタンス運動」を主導し、破壊工作の罪で一九六四年に逮捕され、九年間投獄された後、学部で採用された。一九七三年に学部へ来たリトアニア人で政治思想家だったＳ氏は、「ソビエト反体制派」で知られていた。イギリス人Ｒ氏は、服役中のジョージ・ブレイクの脱獄を一九六六年に手助けしソ連へ逃がした。ブレイクは、イギリス情報局ＭＩ６を裏切り、ソ連のＫＧＢのスパイを行っていた罪で逮捕され服役中だった。Ｒ氏は「四二年の禁固刑は非人道的」との考えで脱獄を手助けした。この事実を本人は認めていたが、裁判で無罪になっていて、学部で研究に携わった。

一九八〇年代初頭には、学部つぶしが当時のサッチャー首相によって試みられたと、二〇一二年の今日でも時折話題になる。「あの学部はもう処理された？」と、サッチャーは、政府高官に尋ねたことがあったと言われている。

サッチャー・レーガン政権下の軍拡路線に反対する大規模な平和デモが世界各地で展開されだすと、サッチャーは、抵抗運動の裏に平和学部が存在しているという疑惑を抱いた。そして、教育大臣に学部の学問的信憑性に関する調査を指示した。それを受けて、大学資金助成委員会の委員長を務めていたスインナトンダイヤー卿が学部のシラバスや教員の出版実績の調査を行い、加えて学部訪問を実施して、生徒の履修状況調査・教員へのインタビューを行った。

サッチャーの指示によるこの調査を、学問の自由を守る観点から拒否すべきだという意見が学部に存在しなかったか、私はスタッフに尋ねたことがあった。私の予想に反して、学部関係者は、どちらかといえばこの調査を歓迎したという。調査で事実関係が明確になれば、不当な学部攻撃に終止符を打たせる確信があったからだ。

調査結果は、サッチャー首相を苛立たせたに違いないと言われている。「偏向・教化」などの問題点は一切ないことが証明された。また、スインナトンダイヤー卿は、平和学部を非難しなかったばかりか、学部がきわめて困難な仕事を見事に遂行している、とのコメントを加えた。

一九八〇年代は、政府が教育予算を大きく削減し、ブラッドフォード大学でも多くの学科が閉鎖に追い込まれた。そのような中で平和学部は、学部つぶしの企てを学問・教育の実績ではね除け、存続したのみでなく、ブラッドフォード大学の看板学部になるまでに成長した。

「ソビエト連邦の口先」「核軍縮キャンペーンのブレーン」などと中傷を受けながら躍進を続けた平和学部は、私の大学院在学中にすでに不動の地位を築いていた。その後も、学士・修士コースの多様化と研究スタッフの充実によって飛躍を続け、その実績は世界的に評価された。

外部評価の一例だが、「国際ロータリー財団」が、世界の七大学を「平和・紛争解決センター」として指定し、そこで二〇〇二年から国際平和に貢献する人材の育成を目指す制度を作った。その際に、イギリスで指定を受けた唯一の大学は、オックスフォードでもケンブリッジでもなく、ブラッドフォード大学平和学部だった。日本では、国際基督教大学が選ばれた。

平和学部を創った人々

「鉄の女」の異名を取り、三度の総選挙で保守党を勝利に導き、二〇世紀で最も在任期間が長かったサッチャー首相。民営化政策を広範に推進し、労働組合を弱体化し、教育制度に「ナショナル・カリキュラム」と競争原理を導入して教育の中央集権を促進したサッチャー政権。一九八二年には、イギリスから南米の最南端・フォークランド諸島へ艦隊を派遣してアルゼンチン軍と戦った「対決の政治家」サッチャー。

その「鉄の女」が、ブラッドフォード大学平和学部をつぶすことができなかったのは、一九七三年の創立以来、学部が確固たる哲学を持ち、学部運営において適格な戦略を取ったからと考える。

創立の牽引力となったのは、クエーカー教徒の確固たる信条と情熱だった。「平和学」(Peace Studies)を学ぶコースをイギリスのどこかの大学に創る考えは、クエーカー教徒を中心に一九六〇年代の終わりにはすでにあった。しかし、アプローチを受けた大学の中で、財政的出費を申し出て創立を引き受ける大学はなかった。その後一九七〇年を過ぎた頃、ブラッドフォード大学とクエーカー教徒の間で、平和学コース創立に向けて必要となる資金を募る合意に至った。

一九七一年九月、クエーカー教徒は資金調達の組織決定を下し、目標額を数カ月で達成した。短期間に達成できた理由の一つには、平和学の学部創設に賛同する著名人が多くいたことが挙げられる。開講に向けて積極的にスポンサーとなった人物には、英国労働党党首のハロルド・ウィルソン、ヨーク大主教、バイオリンやビオラ奏者であり指揮者でもあったユーディ・メニューイン、作曲家のベンジャミン・ブリテンなどが含まれていた。

著名人の他にブラッドフォード市近郊には、無名の支持者がいたと思う。この街で、世界で初の本格的な労働者階級の政党と評価される「独立労働党」が一八九三年に設立されている。産業革命後の労働運動の高揚・移民問題の発生・社会主義運動の発展などの背景を考え合わせれ

平和学部の博士論文収納庫の横に立つ、「平和博物館国際ネットワーク」創設者のＰ・Ｖ・ダンゲン博士（2012年４月撮影）

ば、ブラッドフォード市内の大学に「School of Peace Studies」が誕生したのは不思議ではない。

このように、学部を創ったのは、クエーカーの歴史に裏打ちされた平和主義、ブラッドフォード大学関係者の先見の明と勇断、街の歴史的土壌だったと考える。しかし、私の個人的な体験から振り返ると、平和学部を創り発展させたのは、学内政治や自分の出世など横において、常に世界を見つめ研究し平和のために論陣を張ってきたスタッフだと考える。

一九九一年の「湾岸戦争」期間中には、平和学部は合計で一〇〇〇件を超える問い合わせをマスメディアから受け、インタビューやコメント依頼に対応した。私の博士論文の内部試験官だったポール・ロジャーズ教授は、二〇一一年のチュニジア・エジプト・リビアなどの中東諸国の民衆革命「アラブの春」に関して、半年間に一五〇〇回テレビ・ラジオのインタビューに応じている。

また、「平和博物館国際ネットワーク」創設者のＰ・Ｖ・ダンゲン博士は、ノーベル平和賞受賞者が発表されると例年コメントをマスメディアから求められる。彼やダンドー先生、それに博士課程進学を勧めてくれたもうひとりのグリーン先生などは、いつも世界各地を転々として職場としている。

このような人々が、飛騨から出て来た高卒で、英会話も下手な「どこの馬の骨」とも十分わからない私に、修士課程で学ぶ機会を与えてくれた。経済的理由で高等教育を受けられなかった者にも、第二のチャンスを与えるべきとの、私の「デンマーク留学闘争」の主張に合う制度を作っていた。その後、奨学金制度を世話して私を平和学博士にし、外国人である私に大学で職を与えてくれた。

私が優秀だったからでは決してない。ダンドー先生に、私を受け入れた理由をずばり尋ねたことがあった。彼は、デンマーク留学闘争や全税関で差別とたたかった私の経歴と、私の平和への情熱を評価してくれていた。

すべてが期待以上に好転するブラッドフォード大学での人生だった。就職後一年で平和学部から他の部局へ人事異動になった。そこで私は、大阪ＹＭＣＡとの「ディスタンス・ラーニング・プログラム」などの国際プロジェクトを担当した。

勢い込んで引き受けたものの、しかし私は、「ディスタンス・ラーニング・プログラム」の質が低下していくのが堪えられなかった。大阪の生徒が使用する教材の作成は大学の責任だったが、私から見ると内容も量も不十分だった。生徒が書いてブラッドフォードへ送ってきたエッセイ（小論文）の採点にしても長い時間をかけていた。大阪へ派遣する教員も適任者ではなく「間に合わせ」のスタッフになった。また、立ち上げ当初に大阪ＹＭＣＡと合意していたプログラムの理想的な将来像とは実態がかけ離れてしまい、ブラッドフォード大学は、最低限のことを大阪側から催促されてしぶしぶ行っているような状況だった。

私は、大学の姿勢が許せなくなった。生徒やパートナーの大阪ＹＭＣＡに対して、大学側の担当者のひとりとして責任が十分果たせないと判断した。上司に問題点を指摘して改善を求めたが聞き入れないのみでなく、秘書と一緒になって私に嫌がらせを言うようになった。ある日、「不満だったらお前一人ですべてを行え。次回のプログラム運営会議では、お前が司会・説明・議事録筆記のすべてを自分でせよ」と、私に滅茶苦茶なことを言った。また、彼の秘書の事務室へ行って上司への伝言を頼んだら、返事も見向きもせずに完全に私を無視した。最悪の出来事は、私が三日間休暇を取っていたら、その間に私の事務室の天井を取り外して行う配管工事が行われていた。出勤したら、コンピューターから書類のすべてがモルタルの破片などで汚されていた。上司も彼の秘書も、この工事について私に事前に何ら知らせていなかった。

後になって振り返ってみると、ブラッドフォード大学のみの問題ではなかった。イギリスの大学の多くが、「儲からないプログラム」に人員を配置する余裕がなくなっていた。「ディスタンス・ラーニング・プログラム」についても、大学が当初期待していたほど生徒が集まらなかったのである。

嫌がらせを受け始めた頃は、プログラムを立ち上げる最も困難な時期は過ぎていた。前年のやり方を繰り返せば、最低限のことはできるようになっていた。「中村を追い出せば人件費が浮く。その上、批判的な奴がいなくなる」と、考えた人物がいたのだろう。解雇は論争になる危険性があり、また手続きが面倒なので、嫌がらせを繰り返して私の方から去るのを待ったのだろう。当時、修士課程で同期だった人物が大学の人事課で仕事をしていた。彼女は、私が訴えれば勝つと言っていた。しかし、勝ったとしても私はこの上司や秘書と仕事などする気には絶対になれなかった。

一九九六年三月、私は言うべきことを言って辞表を出した。大学最後の週に、平和学部の元同僚が簡単な送別会を開いてくれた。その翌日、「昨日の平和学部のお別れ会に出られなかったから、昼食をおごるよ」とある女性の先生が私を誘ってくれた。食事中、驚いたことに、「平和学部へ戻って教員として働かない？　私が話すから」と誘ってくれた。まったく思いがけない彼女の親切心に胸が詰まった。しかし、断った。お世話になった挙句に、自分が教員としてしっかりした仕事ができない結果になった場合、彼女に迷惑がかかる。それを想定すると仕事がないこと以上に恐ろしかったのである。

VI
大学の「軍事化」を告発して

Menwith Hill（メンウィズ・ヒル）にある世界最大の電子傍受基地の一部。
ハロゲイトの中心街から北西へ約９キロ。左の建物は近くのパブ

大学に忍び寄る海外軍人の影

ブラッドフォード大学に辞表を出して、一九九六年春から私は再び経済的に不安定な生活を送ることになった。妻子に不安を与える罪の意識は自分の中に十分あった。しかし、私には、ビジネス上のパートナーや学生に罪の意識を日々感じながら仕事はできなかった。そんな私の性格を熟知し、妻は私の離職に理解を示してくれた。

離職から二年間、私は、ヨークシャー州の大学やカレッジなどと日本の学校の間をつなぐアルバイトのような仕事をし、ささやかな収入を得ていた。そんな生活の中で、ディスタンス・ラーニングで英国の修士号を日本で取得するプログラムを企画し、ヨーク市内の「ヨーク・セント・ジョン大学」（ＹＳＪ大学）の前身に持ち込んだ。私の企画は喜んで受け入れられた。そして、一九九八年八月から大学で働かないかと誘われた。

この大学は、ヨーク市とヨーク市から五〇キロほど離れたリポン市にキャンパスを持っていた。リポンが私の職場となった。私はそこで一九世紀半ばに建てられた教員養成用の小さなカレッジの中に個室を持った。自分の企画に沿って思いっきり仕事ができる充実した日々が始まった。車で片道一時間の通勤中も、その日の仕事の段取りを考えると胸がわくわくした。

ヨーク・セント・ジョン大学（ヨーク・キャンパス）

「幸せ」と「幸運」という言葉の重みを朝夕感じる大学勤務だったが、就職して一カ月と経たないうちに、気になる光景に私は出くわした。

その日も、爽やかな朝のコーヒー・ブレイクを迎えていた。夏とはいえ気温は二〇度前後。静寂と透明な光の中を北ヨークシャーの微風が吹き抜けていた。まだ休暇中で、キャンパスは人影がまばらだった。私は芝生に覆われたキャンパスを横切り、木立に囲まれたレンガ造りの喫茶室へ向かっていた。途中、五〇代半ばの体格の良い男性と三〇歳前後の女性に出会った。

男性は、ポーランド軍の将軍で女性はイギリス人の英会話教師だった。男性は貫禄があって、偉い「大将軍」のイメージだったが、とても愛想が良かった。一方、パンタロンが似合う細身でハスキーな声の女性は、生徒である将軍に明るく丁寧に対応していた。

私は、この「生徒と教師」に会った瞬間、直感的にきわめて不自然なものを感じた。数分の会話だったが、将軍はもはや実用的な英語力を身につけることはないと思った。彼の年齢や「先生」への態度からも、英語上達の限界が見えた。また彼のような地位にあれば、優秀な通訳を雇えると思った。それに、目的が実際に英会話上達であれば、こんなリポンのような片田舎へ来て個人指導を受けなくても、もっと有効で安い方法がある。「この英会話個人教授の裏には何かがある」と直感で感じたが、それ以上深く考えることもなかった。

この軍人との出会いの三カ月後に、大学のニューズレターが私の注意を引いた。

ハンガリーの将軍六名が大学で英語プログラムを修了後、ロンドンで次のプログラムに入り、ポーランドの将軍六名は一三週間の英語プログラムを大学で受講中との記事があった。軍人に囲まれて、短期英語コースの責任者が写真中央に学長と写っていた。この記事にも何か「きな臭い」ものを感じたが、これら軍人用プログラムの背景は十分理解できなかった。

しかし、二〇〇一年春になると、別の海外軍人グループと大学との関わりを知った。所属部局発行の「International News」に、「中国大使館防衛部門」スタッフと諸外国の「防衛調達士官」に、大学が英語を教えた事実が含まれていたからだ。さらにその後、私たちの部局がヨーク・キャンパスへ移ると、軍人が英語訓練を受けている実態を目の当たりにするようになった。

この頃から、名古屋税関監視部勤務や全税関活動を通して自然と身に付けた感覚が蘇ってきた。私はひそかに断片的な情報と日常目にする風景を分析した。だが、海外軍人用の短期英語コースはきわめて特殊なもので、その実態を把握する手立てが限られていた。

しかし、謎を解く鍵が偶然見つかった。

ある日、私は、事務の打ち合わせを教員のひとりと教室兼資料室で行っていた。その時、同室には六、七人のスタッフがいた。そのうち二人の教員が、各国の大学や政府機関、民間企業の依頼で開講する英語研修コースの日程について調整を行っていた。その会話の中で、二人が「ＢＡＥシステムズ」と言うのを私は耳にした。「ＢＡＥシステムズ」は、戦闘機・潜水艦・戦車を含む多様な武器を生産する英国最大の兵器会社である。

「ＢＡＥシステムズ」の一言に触れて、それ以前に見たり聞いたりしていた国名・コース名・組織名が一気に脳裏を駆け巡った。ちょうど散在していたジグソーパズルの小片が寄り集まり、うまく組み合わさって一枚の絵が浮かび上がるようだった。圧縮ファイルを解凍するような気持ちにもなった。

「ポーランド・ハンガリー・チェコ共和国・スロバキア」などの国名と、「軍事英語」「ＢＡＥシステムズ」「防衛調達士官」のコース名を組み合わせた。そこから、時折目にしていた略語

「ＤＣＥＥ」は、英国国防省の「Directorate for Central and Eastern Europe」（中央・東ヨーロッパ局）を指し、「ＤＥＳＯ」は、英国国防省の「Defence Export Services Organisation」（防衛輸出機構）である確信を得た。

――私の勤務しているこの大学と、英国最大の兵器会社および国防省が、共同で、中央・東ヨーロッパへの武器輸出を促進している！　この事実に、私は底知れないショックを受けた。そして、なぜ「中央・東ヨーロッパ」が対象なのかを考えた。「ＮＡＴＯ（北大西洋条約機構）の東方拡大」が頭に浮かんだ。

「ＮＡＴＯの東方拡大」とは、東西冷戦下でソ連を中心とする「ワルシャワ条約機構」（ＷＴＯ）と軍事的に対峙していたＮＡＴＯが、冷戦が終結した後にとった東方政策である。ソ連自体が崩壊してＷＴＯが消滅した一九九〇年代以降、米軍を中心とするＮＡＴＯが、ＷＴＯの加盟国だった国々をＮＡＴＯへ加盟させ、中央・東ヨーロッパ、中央アジアへと勢力を拡大し続けている状況を指す。

ＮＡＴＯについては、私がブラッドフォードの博士課程にいた一九九一年七月にＷＴＯは正式解散し、同年一二月にソ連が崩壊したので、その存在理由もなくなった、と一般的には考えられた。ところが、東方拡大を提唱する米国の「新保守主義者」が躍動し、一九九九年にはポーランド、チェコ、ハンガリーがＮＡＴＯに加盟。その後も拡大は今日まで続いている。その拡大の背景には、アメリカが目指す「世界の一極支配」と「武器輸出市場の拡大」がある、と平和研究者の多くが状況を分析している。

二〇〇一年の暮れから二〇〇二年早春にかけて、イギリスの武器輸出をめぐるこのショッキングな事態が私の脳裏に焼きついて離れなくなった。

武器輸出関与の告発

自分の勤務大学がイギリスの武器輸出に関わっている事実を、私は放置できなかった。英語訓練の提供という間接的な関与とはいえ、イギリス最大手の兵器会社と国防省とが一体になって、大学を利用しての武器輸出促進である。

武器輸出は、誰が行うに関わりなく私は反対だが、大学の創立背景を考えると問題はより深刻に思われた。大学の前身は、ヨーク大聖堂が一八四一年に創立したカレッジに遡り、今日においても大学とイングランド国教会は正式な関係を保ち、卒業式は例年ヨーク大聖堂で挙行される。

そのイングランド国教会は、二〇〇〇年一〇月に倫理規定を強化し、軍事産業との関連で利益を得るのを禁止し、それまで保持していた「ＢＡＥシステムズ」の持ち株を翌〇一年に売却した。その国教会のヨーク大聖堂に付属する施設である「グレーズ・コート」（一〇八〇年創建）を借り

海外からの軍人が英語訓練を受けていた「グレーズ・コート」。現在は私営のホテルになっている。後ろの建物はヨーク大聖堂

上げ、文字通り大聖堂の膝元で、このような倫理に反するビジネスをほかならぬ大学が営んでいるのである。

しかし、大学の武器輸出関与を告発することはたやすいことではなかった。

最初は、社会に直接持ち出すのではなく、職場での問題提起を考えた。それでも、具体的な方法とその波紋を考えると容易ではなかった。信頼できる職場の知人に相談すると、誰もが「本当!?」「ひどい!」と、それまで知らなかった職場の実態に驚き、私の「武器輸出反対」に理解は示した。しかし、それ以上、会話さえ続かなかった。彼らを責めることもできなかった。表立って職場で反旗を掲げればどうなるか、十分承知している年齢の人々だった。

大学の武器輸出関与の立証も簡単ではなかった。

「防衛調達士官」用の学習コースや「ＢＡＥシステムズ」がスポンサーとなっているコースの運営に実際に関わっているスタッフに証人になってもらえれば、限られた資料と推測で私が状況を説明するより何倍も説得力が増すと思った。以前、ひとりのスタッフに、軍事プログラムへの私の嫌悪感を目で伝えた際に、「Hisashi、私もこんな軍人相手の仕事はしたくない」と、私に打ち明けた人もいた。しかし、彼女が誠実で仕事熱心であるがゆえに、彼女を危険にさらすことは罪に感じられた。

私の身の上を心配してくれる友人もいた。外国人である私が「知り過ぎた」こと自体危険と考える者もいた。私の事務室は軍人が毎日出入りする「グレーズ・コート」にあったので、車で帰宅する際には必ず、車体の下をチェックしてからエンジンをかける日が続いた。自宅の玄関には火災報知機を取り付けた。玄関ドアの郵便受けからガソリンを流し込まれて放火される事件がよく報道されていたからだ。歩道を歩く時は建物側に沿い、車道側を避けた。

匿名での投書も考えた。しかし、事実関係を立証し、武器輸出がなぜ許されないか論じると、匿名でも誰が書いたものかが特定されると思って選択肢から外した。

長期間の葛藤の末、二〇〇三年五月、大学の学内会議で武器輸出関与に触れ、その社会的責任を問題提起する覚悟を決めた。当日の会議は、大学全体の広報戦略だった。そこで、軍事関連ビジネスに関わることは、大学の創立理念とイングランド国教会の倫理規定に反するのみでなく、海外、特に日本の大学や文化機関と交流を促進する上でマイナスになる、と論を立てることにした。

この批判行動に出る前に、上司には私がなぜ武器輸出に反対するのかを再三伝えていた。しかし、埒が明かなかった。軍事関連ビジネスは大きな収入源だった。彼は、軍事ビジネスを取り仕切っている張本人ではなかったが、私が公然と問題提起を行うことには反対だった。リストラの繰り返しで軍事ビジネスの責任の所在は複雑に変更したが、彼も責任を逃れることができない立場だったからだ。

会議での私の持ち時間はわずか一〇分だった。しかし、国内外の主要紙や学術ジャーナルからの抜粋で作成した会議資料には重みがあった。核心に触れ出すと上司や司会者、副学長の顔色が変わり、司会者は私の発言を止めた。上司と私の間で意見の相違があるテーマを大学全体の会議で協議することはできない、というのが制止理由だった。

「わかりました。それでは失礼します」と冷静に言って、私はすぐに席を外した。会議室を出ると私の後を副学長が追いかけて来て、自分が善処するから憤慨しないでくれと私に懇願した。

数分間の挑戦だったが、ここに至る前に長い間悩み続けていた。問題提起をすれば学内で反撃に合い、大学から追い出される可能性は十分あった。上司もそれを仄めかしていた。自分はともかく妻子に危害が及ぶのを避けるため、引っ越しも考えた。娘は、大学でフランス語とスペイン語を専攻した後、名画館を全国各地で経営している会社「ピクチャー・ハウス・シネマ」に就職し、ロンドンの本部で月刊誌の編集を担当していたが、職場で話題にするのは避けた。危険な挑戦だったが、それを承知の上で内部告発することに妻は同意してくれていた。私がこの問題で悩み続けているのを一番知っていたのは妻だったからだ。

この会議で、武器輸出関与を糾弾し阻止することはできなかったが、少なくとも私は問題提起を公に行ったので、良心の呵責は多少和らいだ。しかし、職場では私を見る目が変わり、次第に私との距離を保つスタッフが出てくるのを実感した。個人的には私の考えに同調する者もいたが、公に私をサポートしたり、当局を批判する人物は職場で皆無だった。

たたかえば問題が即解決するとは思っていなかったが、生活を賭けての行動だったので失望感と虚脱感を感じた。大学に勤める人間がこれほど平和と倫理に無関心とは思わなかった。

「平和研究センター」設立

告発中に発言を司会者に制止されたものの、副学長が事態に対処すると私に言った以上、当局に問題解決のために一定の期間を与えるのがフェアだと、私は考えた。

ところが、武器輸出関連コースの先行きを見守っている中で、別の倫理問題が浮上した。大学は、海外からの社会人グループに各種専門英語を教えていたが、そのグループの中に、基本的人権を蹂躙し民主主義を圧殺している国々の軍人が含まれている事実に私は出合ったのだ。

一例は、ウズベキスタンからの軍人だった。この圧政を敷く国家は当時、反体制派を拷問し釜茹でにして殺害した事件で世界の批判を受けていた。英国の「ザ・タイムズ」紙も、恒常化した拷問と独裁政治を二〇〇三年五月五日付で報道していた。

英国議会議事録によれば、大学は、一九九九年四月から二〇〇五年六月の間に二一人の軍人を英語訓練のためにウズベキスタンから受け入れていた。この期間には上記の拷問に加え、二〇〇五年五月一三日に、同国のアンディジャン市で無防備の反政府デモに軍が発砲し、推定一五〇〇名が殺害される事件が起きていた。

私は、武器貿易加担に加えて、圧政国家の軍人訓練コースから収入を得ている大学の倫理観に再び怒りを感じた。自分の義憤を関係者に率直に伝えたかった。しかし、二〇〇三年の会議で告発を試みた「BAEシステムズ」をスポンサーとするビジネスとは、このケースは性格が少し異なっていた。軍人訓練のスポンサーは「英国国防省」のみで、民間の兵器会社は関わっていなかったからだ。

私は公然と非難するのは避けた。私の所属部局と軍事ビジネスを行っている部局とは、組織的に別個だったのも、強く批判できなかった理由だ。私が違和感を抱いているのを察知すると、周りの幾人かは、「私たちの大学は国防省から仕事を与えられている」と、わざと私に聞こえるように誇らしげに談笑した。「国防省お墨付きのビジネスを批判するお前が異常だ」と、私に言わんばかりの者もいたし、「倫理観の相違」ですべてを片付けようとする者もいた。

確かに、大学のビジネスは、「違法行為」ではなかった。しかし、私は、大学は権力を持つものの行動を監視し、分析・考察・評価する姿勢と能力を持つべきと反論した。批判精神を捨てて権力に盲従するのは、「大学の死」を意味するとまで言い切ったこともあった。

このような論議を職場で起こし拡げるため、私は、二〇〇五年一一月に「平和研究センター」(Centre for Peace Studies) の設立を呼びかけた。「センター」といっても、研究所を建てたりフルタイムの研究員を配置する構想は持たなかった。必要なのは、大学スタッフと学生が広く平和について論議する場だと考えた。

設立趣意書を書いてメールで配信すると、三〇名前後が一気に反応した。予想以上の反応で、参画希望者には学長、副学長、それになんと私の上司も含まれていた。さらに驚いたのは、武器輸出・軍事ビジネスの推進中心人物と彼女の下で働いている女性教員も設立に加わる意思表示をしたことだった。彼女たちが参画してきた理由は不明だったが、聞くわけにもいかなかった。しかし、センターの目的や将来の活動方針についての私の発言を監視したり、設立会議や進展の動向をさぐるのが目的だろうと私は受け止めた。そして、私やセンター関係者の間から彼女たちの軍事関連ビジネスへの批判が出始めれば、裏工作で私を批判して孤立させたり、設立メンバーを分断したりして、センターの進展を妨害する考えがあるのだろうと、私は推測した。

一年余りをかけてセンターを設立した。私を含む九名が運営委員となって、「平和学入門」を全学の希望学生と市民に一教科として提供するまでに漕ぎつけた。しかし、「平和研究センター」の重要な目的は、スタッフ自らが、イギリスの外交戦略・武器輸出政策・軍事産業政策などについて深く考えることだと、私は考えていた。

例えば、イギリスが過去数十年間に合法的に輸出した武器が、どのような戦争と紛争に使われたか、歴史を検証する必要があると考えた。また、NATO加盟に伴って英米製の武器を購入させられる中央・東欧諸国が、不要となる古い武器を紛争地域を含む発展途上国に売却している事実もある。NATOの東方拡大に対応するため、ロシアは核戦力を近代化しつつある。さらには、イギリスの大学で工学を学んでもその知識や技能が十分活かせる職場は軍事産業くらいだと言われる産業構造（産業空洞化）も大きな問題である。民生技術・産業基盤の低下が軍事依存を継続し、雇用維持とも絡まって武器輸出につながっているからだ。しかし、センターのメンバーで、これらについて論議する姿勢を示す者は皆無に近かった。

メンバーの中で、平和学を専門とする者は、私の他に一名いるのみだった。ところがメンバーの多くが、「平和学の学士コースを作ろう」とか、「いや、修士号コースの方が作りやすい」などと言い出した。彼らは、平和について専門に学んだ経歴もなく、センターで平和を真摯に語ろうとしないのにもかかわらず、「平和の商品化」には熱心だった。そんなメンバーには、イラク戦争を支持し、「普遍的な人権などというものは存在しない」と公言する、経営学を教えている若い講師も含まれていた。

以上が「平和研究センター」の実態だった。センターを設立したものの、私はメンバーの大多数に失望し、軽蔑の念さえ抱いた。ある者は、学長や副学長の名前を見て参画した「風見鶏」だった。数人の教員は、進行中の大学スタッフのリストラの中で先行き不透明な日々を送り、常に不安を抱いていた。「平和学」コースができればそのスタッフが必要になると見込んで、状況に便乗したのだった。大学のイメージ・アップのみにセンターを使おうとした人物もいた。「シニカル」と言われるだろうが、大学の内情を覆うため、「平和研究センター」を煙幕にしようとした人物さえいるように、私の目には映った。

「クウェート空軍訓練将校」の存在に気づく

職場で失意の底に沈むような日々が続いた。自宅では酒量が日増しに増えた。ウイスキーを二、三日で一本空けた。グラスを握ったまま寝入ってしまい、居間のソファに座ったまま明け方を迎えたこともよくあった。仕事帰りに自宅近くのバス停で考えるのは、その日はどの店がウイスキーのバーゲンをしているかだった。

しかし職場へは毎日出た。仕事もした。日本の大学とのプロジェクト提携、大学の国際化のための文化イベント、留学生のリクルートとサポートなど、行うべきことは行った。職場での喜びは限られていたが、美術・デザイン学科の学生に古典の短歌や美学を教えて、それからインスピレーションを得たアート作品を作らせるのが楽しかった。この「短歌プロジェクト」のために、私は新古今和歌集を中心に秀歌を九八首選んで英語に訳し、詳しい解説をつけたブックレットを作成していた。これを使って二回生の前期に一斉授業を行い、その後個別指導を随時行っていた。学生も「在学中一番意味があるプロジェクトだった」などと喜んでくれた。また、英文科の文芸専攻の学生に英語で短歌を書かせるのも、学生と私の双方にとって新鮮だった。私の講義の後に、学生が、「mono no aware」「Princess Shikishi」（プリンセス・シキシ＝式子内親王。新古今集の代表的女流歌人）などの言葉を交えて私に質問してくると、底知れぬ充実感を感じた。束の間のことではあったが。

そんなある日、デザイン学科の建物へ向かっていた。学生の作品の進展が見たかったからだ。途中、駐車禁止が明示されている場所に、立派な大きな車が無造作に駐車していた。規則を守らない図々しいやつが大学へ出入りするものだと、軽く腹を立てた。その高級車はトヨタのレクサスだった。外交官ナンバーが付いていることに気づいた。

部屋へ帰ってネットで調べると、最初の三桁の数字の「198」は「クウェート」の外交官に与えられるナンバーだった。親しい知人にこの話をすると、クウェート人が大学に常時滞在しているという。ただし彼女はその人物の名前を知らなかった。学内の電話帳を調べた。ビジネス関係の学部に、「Kuwait Liaison Officer」(クウェート連絡将校)の役職名の人物が載っていた。クウェートと連絡を取り合っている人物とはわかったが、「Officer」の意味が不明だった。単に「職員」を指す場合もあるし、武官・士官の場合もある。私の役職にも「Japan Projects Officer」と付いていた。しかし、名前の前に付いているタイトルは、Colだった。Colonelである。彼は、軍隊の「連絡将校」か「大佐」に間違いないと判断した。

これだけでもかなり驚いたが、後になって、彼は大学内に事務所を持っていて、英語研修を受けている二〇数名のクウェート軍人の指導に当たっていると聞いた。そこで、キャンパス内を探し回ると、「Kuwait Air Force Training Officer」(クウェート空軍訓練将校)のプレートが付いている事務室を見つけた。調べると、クウェートの若い軍人は、大学で一般英語と航空英語を学び、一定のレベルに達するとヨークを離れてイギリス内の飛行学校に入学し、軍人パイロットになって帰国する制度になっていることがわかった。

「二度あることは三度ある」というが、「武器輸出関与」「圧政国家の軍人訓練」「中東の空軍増強への加担」である。ビジネス関連学部の業務で内情は正確には把握できなかったが、クウェート空軍以外に、サウジアラビア、イラク、アフガニスタン、カタール、中国空軍のためのコースを提供している事実も確認した。

二〇〇三年の内部告発から四年ないし五年で、私の職場の「軍事化反対闘争」は、敗北に終わったと感じた。大学内で軍事化を収入源とみなす勢力は、私の告発を受けて一瞬危機感を抱いただろうが、職場での反対運動は起こらず、大学はむしろ開き直ったように軍事ビジネスを拡大していった。堰を切った濁流のようだった。改めて見回してみると、私は完全に孤立していた。四方を敵の部隊に囲まれている自分の立場を思い知らされた。

「クウェート空軍訓練将校」の事務所のプレート

敗北感が身に染みたが、闘争を通して武器貿易の構図がはっきりと見えてきた。自分の眼前で、武器輸出に伴う策動が展開されていたからだ。冷戦後に自国政府へ防衛装備を売り込む困難に直面した英米の軍事産業は、新たな武器市場をＮＡＴＯ東方拡大で開拓しようとしている。また、戦闘機を売り込むには

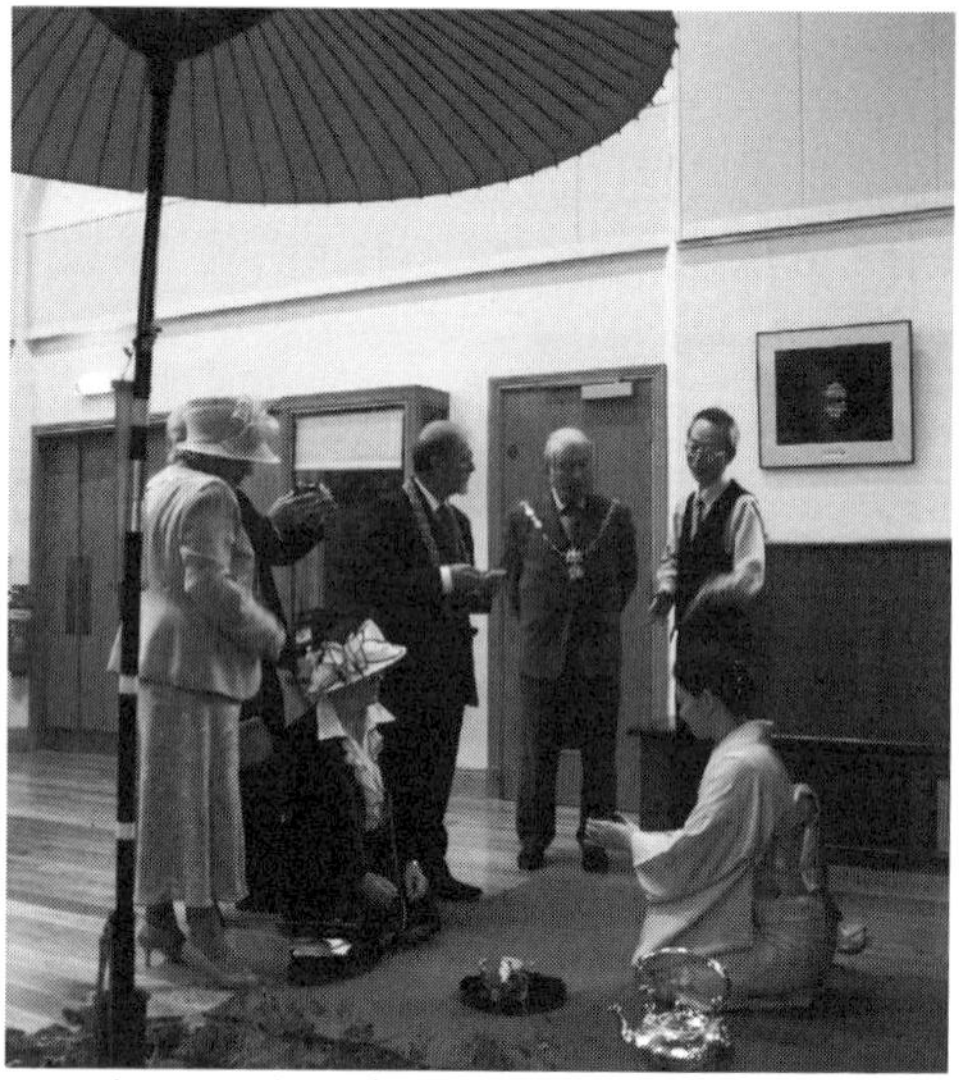

ヨーク・セントト・ジョン大学で開いた「ジャパン・デー」の野点。ヨーク市名誉市長夫妻などに説明中の著者

軍人パイロットの養成が必要であり、それにはまず英語から訓練する必要がある。こうして武器を売り込めば、戦闘訓練・装備の整備と補修などを通して、軍事的・政治的に輸入国を従属させることが可能となる。

組織の倫理基盤が侵食され崩れ始めると、構成員のモラルが底抜けに落ちていくことも体験した。

二〇〇八年六月、軍事化ビジネスの中心人物が所属するビジネス関連学部のスタッフから、電話が入った。私が「日本企業文化セミナー」や「ジャパン・デー」と呼ばれる文化祭を、日本企業や日本大使館にお世話になって開催してきた歴史を知っている人物だった。彼女は、私に在英の日本企業を紹介してほしいという。理由を聞くと、彼女の学部と地元の博物館が一緒になって、「原爆展」を開くからだという。

「原爆展」と「日本企業」の関係を尋ねると、原爆展に企業を招待して、学部と企業とのネットワークを作りたいという。核兵器による大量虐殺までも、学部の将来の収入源と見るのである。

私は怒りと悲しみを込めて静かに言った。「紹介はしません。私の知っている日本企業は、大量虐殺や人類の悲劇とビジネスを関連づけることはありません」と。

「職場クーデター」の夏

二〇〇九年八月に、私の所属していた「国際オフィス」と、軍事関連プログラムを含む英語短期コースを提供していた「国際センター」が合併した。合併後の組織名は、「ＹＳＪインターナショナル」だった。

この合併に私は反対した。私が所属する国際化・交流を主目的とする「オフィス」と、収益目的の「センター」の合併は、収益中心主義をもたらす危険があるからだ。しかし、私以外に反対する者はいなかった。「人員上の変更はない」という公式見解が出ていたからだと思う。

年明けの二〇一〇年一月に、「ＹＳＪインターナショナル」のスタッフ全員が、「協議書」を受け取った。それには、私たちの部局の組織改革とそれに伴う部局内異動が「案」として含まれていた。一読して私は激怒した。「協議書」は、私の業務内容を極端に過小評価していたからだ。私の業務分野は六分野で、上司と私が年ごとの見直しを経て書面で確認し、署名まで行っていた。しかし、「協議書」には六分野の大部分が抜けていた。

六分野は、「日本人留学生増加」「大学の社会的評価を日本で上げる」「日本のパートナー（大学・文化機関・民間会社など）の増加」「日本文化の大学への導入」「教員と学生の日英交流促進」「日本人留学生のサポート」から成っていた。さらに各分野で行うべき活動の具体例として、「社会発表・出版・新聞記事発表・短歌ソサエティ活動・平和研究センターへの貢献・美術デザイン学科プロジェクト・日英共同教育プログラム開発」などが掲げられ、これらによって私の業務評価がなされる仕組みだった。

ところが、「協議書」では、私が行っているのは、「国際学修士号プログラムへの関わりが終わり、パートナー探しと生徒リクルートを行っている程度」と表現されていた。

そして、当局の私への提案は、「フルタイムからパートに移行する」か、または、「生徒のリクルートを主な職務とし、日本以外の国々へも出張する」だった。後者には、現行の給与ランクを下げるとの条件も付されていた。

「協議書」には、それを作成した部局名も人名も記載されていなかった。しかし、「協議書」はメールの添付でも受け取ったので、ファイルを調べると、作成者は、武器輸出・軍事化関連プログラムの推進中心人物のYだった。彼女は、二〇一〇年の夏から、「ＹＳＪインターナショナル」の責任者になる暗黙の了解が大学内にあった。

私は、抗議文を副学長に送った。

「私の仕事内容を極端に過小評価する虚偽文書の配布は、私の職場内評価を低下させ私を傷つける行為である。そのような不当な行為を通して、書面による合意に反する業務を私に押し付ける上、減給を試みるのは許されない」旨、伝達した。同時に、必要に応じて法的措置を講じる覚悟も示した。副学長は私の部屋へ来て、「私が解決するから、過激な行動に出ないように」と、私に懇願した。

しかし、副学長からは何ら納得いく回答が得られない中で、二〇一〇年六月一四日にYが信じ難い内容のメールを再び送りつけてきた。Yが私の交渉相手になっていた。

メールには、今後、私が行わなくてよい事項が具体的に列記されていた。「プログラム開発」「講義」「リサーチ」「平和研究」「短歌」「日本人学生サポート」だった。「行わなくてよい」とは、実質上、仕事中にできない禁止事項と同じである。加えて、私が、次年度の一年間に大学へもたらすべき収入として、私の年収の一〇倍以上に相当する金額が設定されていた。

これは、「職場のクーデター」的な暴挙だった。わずか二年前の二〇〇八年秋には、「日英外交樹立一五〇周年」記念にあたって、私は、日英両国間の交流親善に永きにわたり貢献したとして、「日本国外務大臣表彰」を受けていた。その事実を大学では地元紙などで広報し、私の活動を賞賛していた。ところが、Yのメールは実質上、「外務大臣表彰の対象になったような活動は今後一切することなく収益に専念し、年俸の一〇倍以上を大学へ持ってくれれば、年俸を下げて雇用を継続する」という内容だった。私には到底受け入れることができなかった。誰にとっても達成し難い収入目標額でもあった。また、収入目標額が達成できない場合、雇用を打ち切る条件を付されたのは私だけだった。

リストラの名目で私の解雇を狙うもの、と私は受け取った。法律事務所二カ所に相談した。結果は、訴えて勝てるか否かは、私への差別を立証できるか否かにかかっているということだった。法律事務所が検討したのは、リストラの妥当性や新規契約内容ではなく、その手順の問題で、大学側は必要な職員との協議などは行ってきたかどうかの状況判断だった。協議のために職場で配布された文章に、私に関する虚偽の記載があるという問題は無視して取り上げていなかった。

私は、私への思想差別が背景にあると確信したが、それを「法的に立証」するには、職場の多くの同僚を「証人」として起用しなければ不可能だった。だが、同僚に真実を述べてもらうことは、大学当局の不当性を公に立証することにつながり、彼らを危険な状況に追いやることだった。大学の「夜霧」を知る自分にはできないことだった。私は新規契約書に署名しない決心をした。

それを受けて人事部長から、二〇一〇年九月一七日に解雇する旨の通知が書面で届いた。

その時私は六〇歳。再就職はまず不可能だった。私は、六五歳まで働く考えでいた。日本とイギリスを往来し、どちらの国の年金の掛け年数も十分満たしておらず、年金に頼ることはできなかったからである。

解雇を不当と訴えてたたかう道は避けたが、このような状況に私を追い込んだ背景に存在する、より大きな許せない問題とたたかう決心をした。三〇余年前、「バイカル号」で冬の海を越えた当時の、「全税関魂」が蘇った。

英国情報公開法でわかったこと

解雇された二〇一〇年九月、武器輸出反対闘争を本格化するため、ロンドンに本部を置くCAAT（Campaign Against Arms Trade＝武器貿易反対キャンペーン）の知人と連絡を取り、活動を共にする確認を取った。

大学の問題を社会に出すのは気が引けた。大学には誠実で熱心なスタッフも多い。日本人留学生の中には、大学で有益な体験をし、素晴らしい思い出を持って大学を去った生徒もいる。ディスタンス・ラーニングで「国際学修士号」を取得した生徒の多くは、優秀で努力家だった。また、日本の大学・全国大学生協連・地方自治体・民間企業などにタイアップしてもらい、各種企画を成功裏に行ってきた。このような個人と組織に不快な思いや迷惑をかけたくなかった。

しかし、私の大学内でのたたかいのみでは問題が解決しなかった。社会に出さざるを得ないと判断した決定的要素は、「ＹＳＪインターナショナル」の責任者（Director）に、軍事関連プログラム推進中心人物のYを大学が起用した事実だった。問題は、もはやYという個人のモラルの問題を越えて、大学の倫理問題・社会的責任問題に発展したと私は判断した。

同年一二月初旬に「英国情報公開法」に基づいて政府と大学に情報開示を求めた。CAATのリサーチャーは大学と国防省一般を担当し、私は、DESO（国防省防衛輸出機構：現貿易投資総省国防・安全保障機構）を受け持った。

開示された情報を分析すると、大学が、「NATO東方拡大」「中東諸国の空軍増強」「英国王立国防大学への海外軍人送り込み」に関与している実態がより明らかになった。私は、これらの一部を目撃したり、概要や背景を推測していたが、政府と大学側の資料で状況を具体的に確認することができた。

コースの一例だが、大学は、二〇〇〇年八月から二〇〇五年一月にかけて、総数八〇名の軍人を、中央・東ヨーロッパ諸国（ポーランド、ハンガリー、チェコ共和国、ルーマニア、スロバキア）から大学へ招聘し、一二回にわたり「英語訓練」を行った。招聘理由は、「国防省防衛輸出機構」の説明によると、この八〇名の軍人は、彼らの国々で「意思決定主要人物」であり、これらの諸国は、「かなりな額の防衛予算を数年にわたり、付ける」と見込まれていたからだった。換言すれば、将来、これらの諸国に武器輸出を考えていたからである。

この訓練費用は、兵器会社「BAEシステムズ」と英国「国防省防衛輸出機構」が五〇%ずつ負担しＹＳＪ大学へ支払った。「国防省防衛輸出機構」の支払い金額は、一五万四六七八ポンド三八ペンスだったので、「ＢＡＥシステムズ」も同額を支払ったことになる。

　また、資料を分析すると、二〇〇五年以降、特定の国家群から軍人が招聘されている点が浮き彫りになった。それらは、ＮＡＴＯ未加盟国で、近い将来に加盟の可能性が高い国々である。ウクライナ、グルジア、アゼルバイジャン、アルメニア、ウズベキスタン、カザフスタン、キルギス、タジキスタン、トルクメニスタン、ベラルーシ、モルドバなどに招聘の重点が置かれている。

　これらの国家群で顕著なのは、「ＮＡＴＯ加盟がロシアにとって致命的となる」と世界の戦略家が考える、「ウクライナ」と「グルジア」からの招聘が急増している点である。前者からは四七名が、後者からは四二名の軍人が、二〇〇五年から二〇一〇年にかけて、大学で訓練を受けた。

　約五〇〇人の軍人訓練のケースを分析し、二〇一一年六月二日に左派高級紙「ザ・ガーディアン」が実態を報道し、翌日には、ヨーク市の地元紙「ザ・プレス」や北東イングランドの地方紙も報道した。

　これらの報道記事は、大学報道官のコメントも載せていた。それによると、大学がこのような英語訓練を行うのは、「平和と紛争解決のため」だった。受け入れ難い正当化理由に反論を書いて新聞社に送ると、「ザ・プレス」は六月一六日に私の主張に基づく線で記事を書いた。その記事中で、再び大学側が責任逃れを試みたので、私は、六月二〇日の紙面で論破した。

このような新聞社との行動と並行して、大学の名誉学長を務めている「ヨーク大聖堂」の大主教にも、「情報公開法」で得た情報とその分析を含めてメールを二回送った。ヨーク大主教は、六月二四日付の私への私信の中で、これらの問題は大学との定期会議で取り上げると約束してきた。

イギリスの政党にも考えてほしいのだが、「NATO東方拡大」は既成事実化し、主要政党から反対意見が出ない。拡大反対を明確にしている「緑の党」のキャロライン・ルーカス党首にはメールを送った。彼女は、私の見解に十分理解を示してくれたが、国会議員一名の政党の党首がこの反対運動に費やせる時間は限られる。


大学へ英語研修生を送り出している日本の大学には、なぜ私がこのような行動に出るのか説明のメールを送り、「ザ・ガーディアン」紙の記事なども送った。その結果、二〇一一年から生徒派遣を中止する大学が出始めた。

全税関の旧友や「国際学修士コース」卒業生の中には、支援のメールをくれる人々がいる。異国で孤独なたたかいをしている時には、彼らの一言が何よりうれしい。一通のメールで一週間くらいたたかうエネルギーが生まれる。

大学が軍事関連ビジネスを完全に中止するかどうかは不明である。大学が止めなければもちろん、たたかいは継続する。長いたたかいになると覚悟している。

今後の予想は困難であるが、現時点で判明しているのは一点のみである。「ＹＳＪインターナショナル」の責任者Ｙが、一連の新聞報道から二カ月半たった二〇一一年八月末に急に大学を辞めた。後任募集も行われない段階での急な不自然な離職で、多くの関係者が驚いたという声が私にも届いた。通常は、大学の Director などの重要な職を辞める場合、三カ月から半年前に当局へ意思表示をする。そして後任者が採用されて事務の引き継ぎを行った後、職場を去る。離職理由は知らないが、「新聞報道でＹは職場に居づらくなった」「軍事関連ビジネスが新聞で表へ出てしまい、大学への批判が出てきた」「Ｙの離職はトカゲのしっぽ切りだった」などの見方が、イギリスと日本の知人から私に寄せられた。

〝抵抗の笛〟を吹き続けること

「政治における一週間は短い時間」（A week is a short time in politics.）と、一九六〇年代と七〇年代に英国首相を二期務めたハロルド・ウィルソンは言った。自民党の副総裁も務めた川島正次郎（一九七〇年没）の「政界一寸先は闇」と類似のものである。

ウィルソンは、ブラッドフォード大学平和学部創立に多大な貢献をしたが、その学部の三代目学部長で、私の博士論文試験官のひとりだったポール・ロジャーズ教授は、「人類の歴史における二〇年は短い期間」と著書で述べている。「核兵器ガイド：一九八四〜八五」の中で、数十年単位で国際政治状況を分析する視点を述べたものだ。

ウィルソン首相とロジャーズ教授の言葉は一見相反するが、世界の平和問題を考える時、どちらも当を得ていると思う。民主的な政権が軍部のクーデターで一夜で転覆させられることがある反面、独裁政権を打倒するのに何十年もかかることが多い。しかし、これらの言葉から私が想起するのは、長い年月の間に次第に侵食されていく日本の平和主義・平和政策である。浸食は徐々に進行するがゆえに、変化を捉えるのが難しい。したがって、国民の抵抗も生まれにくい。

私の青春から今日までの自分史は、平和憲法の精神が次第に侵食されていく歴史と重なる。その一例は、武器輸出禁止政策の変遷である。

名古屋税関では、一九六七年に佐藤首相が提議した「武器輸出三原則」を念頭において業務を行っていた。三原則とは、共産諸国への輸出、国連決議により禁止されている国への輸出、国際紛争の当事国への輸出を禁止するというものである。これに加えて、マヤがハロゲイトで生まれた一九七六年に、三原則対象地域以外の地域への武器輸出も慎むと、武器輸出を全面的に禁じた三木内閣の政府統一見解を知った際は、日本人としてとても誇りに思った。世界で斬新かつ光り輝く政策だった。

しかし、ほどなくこの平和政策の侵食が始まった。帰国して飛騨での英語教室が軌道に乗った頃だった。学校では体罰が横行し、「日の丸・君が代」の強制が顕著になりだした一九八三年に、中曽根政権は米国に限って三原則を緩和し「武器技術供与」を可能にした。ブラッドフォードの修士課程へ入った一九八八年秋には、ＦＳ－Ｘ（航空自衛隊の次期支援戦闘機）の日米共同開発が確定した。九〇年代初頭になって、博士課程のフィールド・リサーチで東京を訪れた頃には、ＦＳ－Ｘに加えて、「ロケット・エンジン」「ミリ波・赤外線複合シーカ」（敵の弾道ミサイルなどの標的を迎撃するために、標的を捉え追尾するミサイルに使う電子装置。赤外線や波長が数ミリの電磁波を使う）「戦闘車両エンジン」「アイセーフ・レーザ」（目に障害を与えない長波長・低出力のレーザー光線）などの項目が、日米共同研究の対象として挙がっていた。私がＹＳＪ大学の軍事関与批判を職場で強化しつつあった二〇〇五年には、小泉内閣が米国の「弾道ミサイル防衛（ＢＭＤ）」用迎撃ミサイルの日米共同開発着手を発表した。

日米間の軍事共同研究開発に刺激されたかのごとく、日本とヨーロッパ諸国の間での共同開発の模索も、静かながら確実に進行している。

経団連防衛生産委員会は、二〇一〇年三月に「欧州の防衛産業政策に関する調査ミッション」を派遣した。イギリスでは「ＢＡＥシステムズ」社の戦闘機工場や国防省、それに貿易投資総省国防・安全保障機構を訪れている。

私がイギリスで「情報公開法」に基づいて第二回目の請求を行った二〇一一年一月一四日には、東京で、「欧州ビジネス協会」（千代田区三番町）が「防衛・安全保障委員会」を設立したとプレスリリースが出た。委員長は、「ＢＡＥシステムズ北東アジア総支配人」である。

私が、ＣＡＡＴ（Campaign Against Arms Trade＝武器貿易反対キャンペーン）と共同で告発を準備していた二〇一一年四月には、ピーター・ラフ英国国防省防衛装備・支援・技術担当大臣が経団連を訪問し懇談を行っている。そしてその一年後の二〇一二年四月一〇日には、英国のキャメロン首相と野田首相が、防衛装備品の共同開発・生産を早期に開始することで合意した。キャメロン首相の訪日には、「ＢＡＥシステムズ」や「Ｔｈａｌｅｓ（タレス）」を含む兵器会社六社が同行していた。

このような兵器産業と政府の動向を知るたびに、自分は何をすべきかと自問する。国際紛争や戦争の報道に触れる際も同じ自問を繰り返す。そして、まずなすべきは、「抵抗の意思表示」だと考える。署名やキャンペーンやデモ行進に参加することは無理なくできる。時には、職場や地域で反対の声を上げ、ある時は、メディアとの協力による告発が必要になるかも知れない。不服従であったり沈黙の抵抗もあり得るだろう。形態はどうであれ、抵抗の意思表示が第一歩と考える。

平和を脅かす勢力に、思想・性別・人種などあらゆる差別をする勢力に、人間の尊厳と命を

ロンドン・イラク攻撃反対デモ（2003年2月15日）。手前白いコートがマヤ

尊重しない勢力に対して、まず、「抵抗の意思表示」をすべきと思う。その結果、状況を変革できないかも知れない。何の変化も生じないかも知れない。しかし、平和のための抵抗に無駄な抵抗はないと思う。阻止できなくても状況悪化への警鐘となるだろう。抵抗を歴史に刻めば、次の世代がその歴史的意義を学ぶだろう。何より、「状況を認識しながら自分は何もしなかった」という、罪の意識を持たずにすむ。

イラクへの米英軍による軍事攻撃が切迫した二〇〇三年二月。ロンドン住まいのマヤがデモに参加すると電話で伝えてきた。ブーザムの旧友や知人も誘ったという。私は、古い敷布に「イラク攻撃反対」と書いて娘たちと行進することにした。デモの前夜には、妻と私はマヤのアパートの居間にごろ寝し、一五日の朝、マヤが準備してくれた食事を取った。

人間と抵抗のプラカードの海となって国会議事堂の横を通り、ハイドパークを目指した。行進中にマヤがホイッスルをどこからか手に入れて来た。私たちも一緒に吹いた。皆が力いっぱい吹き鳴らす笛の音は、深い霧雨の中に吸い込まれ、鈍色の空へと消えて行ったが。

私たちは知っていた。開戦は阻止できないと。しかし、だからといって何もしないでいることは、とても罪深いことに感じられた。私は、冬空に向かって笛を吹き続けるマヤをこの上なく誇りに思った。

おわりに

本書の元になったのは、私がヨーク市内の勤務大学を解雇された後に書いてみた「自分史」的なものです。それを書こうと思い立ったのは、解雇の背景とそれに至る経緯とを、公私にわたって長年お世話になった日本の人々に詳細に報告すべきと考えたからです。解雇と私の生き方との関連を自分の中で整理し、そのルーツを青年期まで遡って考えてみました。

また、懐古趣味に陥ったり記憶が色褪せる以前に、私の「下手な生き方」を率直に記録しておくべきとも考えました。それをいつの日か娘が読んでくれたらとも、思っていました。

二〇一一年の秋に、「日英に架ける夢の浮橋」という尊大なタイトルで草稿をひとまずまとめました。それを本にしようと必死に検討してくださったのが、茶谷寛信さんと松田修さんでした。二人は、私のデンマーク留学闘争を支援してくださった中心人物でした。四〇年前に名古屋の全税関労働組合で大変お世話になった人々に、イギリスでいま再びお世話になる心境は、言葉では表せません。夜明け前の港の静寂と伊勢湾の熱い血潮を感じました。

同じ草稿を、栗木敏文さんにもご覧いただきました。栗木さんには在職中に、全国大学生協連と勤務大学の間で平和交流を促進する上でお世話になりました。そして、草稿を「高文研」へ紹介していただくよう、勝手なお願いをしてしまいました。私が「高文研」を願ったのは、その出版物のいくつかを飛騨で英語教室を開いていた当時にバイブルのように読み込み、「お守り」のようにイギリスまで持って来て書斎に二冊置いているからです。

そして縁とは不思議なもので、たまたま栗木さんの職場に高文研から『観光コースでないウィーン』を出版された松岡由季さんが在籍されており、松岡さんを通して高文研に私の草稿が届けられることになりました。そこで幸いにも、同社の元代表で現在顧問の梅田正己氏にも読んでいただいたそうです。栗木さん、松岡さん、梅田さん、ありがとうございました。

幸いなことに、高文研編集部の真鍋かおる氏が、ご多忙中にもかかわらず私の冗長な草稿に目を通してくださいました。そして、出版へ向けてご教示を賜りました。氏のご親切がなかったら、私の草稿が活字になって広く世に出ることはなかったと思います。深く感謝申し上げます。

このような経緯があって、当初の「自分史」を大きく書き換えました。元々は、知人への「私の半生の報告書」的なものでしたので、読者は私の念頭にありました。

しかし、本書のように書き換えるに当たり、より多くの人々に読んでいただきたいと考え、読者層を特に想定しませんでした。ラジオから流れる「風」に青春のペーソスを感じ、「紙風船」を仲間と歌いながら平和運動に励んだ世代から、「冷戦の終焉」や「労働組合」が、単に教科書の中で出合った言葉になった世代まで、見知らぬ皆さんを思い描きながら書きました。このため、私の記述に過不足をお感じになるかと思います。

記述上の過不足のお詫びに加えて、もう一つお詫びすべき点があります。執筆中に留学闘争開始から、イギリスの「情報公開法」で武器輸出・軍事化反対闘争をたたかっている二〇一二年の今日までを、古い資料と記憶を頼りに振り返りました。その過程で驚くのが、きわめて多くの人々に私がお世話になってきた事実です。誠にありがとうございました。本来ならば、各章の関連箇所で言及し御礼を述べるべきです。そうしたいと最初は思いました。しかし、あまりにも多くの皆さんにお世話になってきたがゆえに、個別に言及し出すとキリがなくなることに気づきました。ご理解いただけることを願っています。

本日、第一稿を書き上げ、全税関の仲間がくれた寄せ書きを読み返しました。九〇センチ四方のオレンジ色の布に黒いペン書きです。中央に、「ガンバレ、中村君!!」「留学を成功させ教育の機会を闘いとろう!!」と大きく書かれています。皆さん全員がもう定年退職をされています。日付が一九七三・一・六となっていますので、「バイカル号」出帆の二日前です。

その寄せ書きの中に、「嵐の夜に生まれた子　どんな厳しさにも負けずに生きるそれが君だ　必ず帰らせるぞ　トネ」があります。「トネやん」こと、刀禰田良一君は、市ヶ谷税関研修所の寮友、全税関の同志でした。彼らのお陰で私にはエルシノアから帰って来る場所が残っていました。同じように「必ず帰らせる」と私のためにたたかってくれたUさんは、もう帰らない旅に発たれました。トネやん、君が言うほど私は決して強くない。しかし、お互いにもう少し頑張って、平和のためにたたかおうか。

本書では、紙幅の関係で詳しく触れることができませんでしたが、私は、日本文化を勤務大学とヨーク市内やロンドンで紹介する各種イベントを行ってきました。その際に常に、ロンドン在住の Robert Rigby（ロバート・リグビー）が応援してくれました。ロバートと奥さんの恵美子さん、ありがとう！

最後に、エルシノア・名古屋・ハロゲイト・飛騨古川・ヨークと、旅路を私と一緒に歩んでくれた妻エルドリンと、途中から加わってくれた娘マヤに感謝します。ありがとう！

二〇一二年四月　飛騨の村祭りの季節に、ヨークで野生の桜の白い花びらが風に流れるのを見ながら。

中村　久司

中村 久司（なかむら・ひさし）

1950年、岐阜県生まれ。岐阜県立斐太実業高校電気科卒業後、名古屋税関に就職。1975年に税関を辞めて渡英し、日英を往来の後、1988年からイギリスのヨーク市に永住。1994年、ブラッドフォード大学で平和学博士号取得。英国の二つの大学で国際教育プロジェクトを担当。2010年に解雇される。2008年、日本国外務大臣表彰を受賞。
著作に英語歌集『The Floating Bridge: Tanka Poems in English』(Sessions of York) など。

イギリスで「平和学博士号」を取った日本人

●二〇一二年九月二五日――――第一刷発行

著　者／中村 久司

発行所／株式会社 高文研
東京都千代田区猿楽町二―一―八
三恵ビル（〒一〇一―〇〇六四）
電話03＝3295＝3415
http://www.koubunken.co.jp

印刷・製本／精文堂印刷株式会社

★万一、乱丁・落丁があったときは、送料当方負担でお取りかえいたします。

ISBN978-4-87498-491-8　C0031